Repentance, to the Deeper Realm of Spirituality

회개, 더 깊은 영성으로

회개, 더 깊은 영성으로

초판 발행	2015년 5월 9일
지은이	정동진
발행인	한뿌리
디자인	정다민
펴낸곳	올리벳선교신학교 서부캠퍼스
발행처	有하
	|등록번호| 2000년 7월 31일 제 2011-000017호
	|주소| 경기도 부천시 원미구 중동로 85번길 7번지
	|전화| 032-651-5257, 032-661-5257
	|책번호| No. 14
등록번호	ISBN 979-11-85927-04-6

*이 책의 저작권은 저자에게 있습니다.
|저자연락체| djjung56@gmail.com

Repentance, to the Deeper Realm of Spirituality

회개, 더 깊은 영성으로

정동진 * 지음

有하

나는 세 번 태어났다.
부모님을 통해서, 나의 가족 안에서, 그리고 하나님 안에서
영원히 죽을 자에서 산 자로 새롭게 태어났다.
이 책에 기록한 나의 60년 인생길을 가장 먼저 하나님께 바친다.
다음으로는 나를 낳아주신 어머님, 모난 남편으로 인해
수많은 상처를 안으면서도 지금까지 나를 도운 아내,
그리고 힘든 내색 하지 않고 장성하게 자라준 두 딸에게
이 책을 바친다.

추천의 글 1

우리나라는 어디를 가나 교회가 눈에 많이 띈다. 예수를 믿기 좋은 행복한 나라라고 하겠다. 전국적으로 대략 오만 개가 넘는 교회가 있고 십오만 명의 목회자가 있는데 천 만이 되지 않는 성도 수에 비해서 분에 넘치게 지도자의 숫자가 많은 것으로 보인다. 그들이 주님 앞에서 충성되게 맡은 직분을 잘 감당한다면 교회는 우리 사회에서 힘 있게 성장할 것이다.

나는 목사로서 교회의 지도자들과 가까이 지내며 존경할 만한 분들을 많이 만난 것이 참 감사하다. 그분들 한 분, 한 분에게서 장점과 은사를 찾아내고 나도 그 좋은 점들을 닮기 위해 노력했었다. 그러나 한편으로는 성경에 나타난 유력한 인물들과 같은 분들을 이 시대에서도 만나보고 싶었지만 그렇게 쉬운 일은 아니었다.

나는 교회의 지도자요, 하나님의 종이라면 많은 것을 갖추어야 한다고 생각했다. 성경을 깊이 있게 연구하고 이해할 수 있는 사람, 영적으로 깊은 수준에 도달한 사람, 성경에 나타난 영적인 능력을 받은 사람, 영혼을 열정적으로 사랑하는 사람, 이 모든 면을 갖춘 탁월한 사람이면 좋을 것이다. 그러나 영적인 분야을 추구하다 보면 지식적인 면이 부족하고 반대로 지적 탐구에 치우치면 영적으로 약해지는 모습들을 많이 보아왔다. 이 모든 것을 잘 갖춘 균형 잡힌 지도자를 만나기란 하늘의 별 따기와 같다.

지난 이 년 동안 정동진 목사님과 가까이 지내면서 그를 알 기회가 많았지만 『회개, 더 깊은 영성으로』를 통하여 더 많은 사실들을 알게 되었다. 그가 얼마나 하나님과 성도들을 사랑하는지, 무엇보다도 그가 주의 사명을 감당하기 위해 얼마나 고군분투하는지가 책에 고스란히 쓰여 있었다.

그는 주님을 처음 믿기 시작할 때부터 초자연적인 치유를 몸소 체험했다. 제자훈련도 철저하게 받았고 또 그렇게 시켰으며 식지 않는 열정적인 강의로 수많은 사람들에게 그리스도를 가르쳤다. 그는 하나님의 은사도 강하게 체험하였을 뿐만 아니라 심도 있게 성경을 연구하는 수준 높은 성경 해석 능력을 가지고 있다. 더 나아가 이제는 깊이 회개하여 더 넓은 영적 세계를 마음껏 헤엄치고 있다. 그는 모든 지도자들이 희망하지만 아무나 도달할 수 없는 경지에 들어선 것이다.

큰 교회를 이룬 목회자, 유명한 목회자가 많지만 정동진 목사님이야말로 주님께서 진정으로 기뻐하시고 이 시대가 필요로 하는 모범적인 목회자라고 말하고 싶다. 자서전 형식으로 풀어낸 이 책을 꼭 한 번 읽어보기를 추천한다.

2015년 4월 24일,

한양훈 목사

실로암세계선교회 대표, 신광교회 담임목사

추천의 글 2

어느 영성집회에서 정동진 목사님을 처음 뵈었을 때 어딘가 다르다는 인상을 받았었습니다. 상당히 지성적이고 신학적인 분처럼 보였기에 이런 영성과 관련된 집회에 올 분이 아닌 것 같았습니다. 하지만 그리 오래 지나지 않아 대단한 실력과 지성을 갖추신 분임과 동시에 영적인 분임을 알게 되었습니다. 이런 목사님을 보면서 한편으로는 부러운 마음이 들기도 했지만 시간이 지날수록 그의 하나님 앞에서 사심 없는 모습에 매료되었습니다.

이 책은 신학적 바탕이 탄탄하면서도 말씀과 영성에 능통한 정 목사님의 삶을 엿볼 수 있습니다. 어떤 책들은 지나치게 주관적이고 영적으로 치우쳐 받아들이기 힘들기도 합니다. 그러나 목사님은 삶의 여정 자체가 신학과 영성의 조화를 잘 이루고 있습니다. 저는 목회를 하면서 신학적인 내용에 많은 관심을 가지고 공부를 했고 성경에 상대적으로 소홀했었습니다. 성경을 읽는 시간보다 신학적인 내용을 연구하는 일에 몇 배에 달하는 시간을 투자했기에 신학에는 익숙했지만 성경에는 능통하지 못했습니다. 이런 저와는 또 다르게 신학과 성경이 둘 다 잘 준비되었어도 영적인 것들을 무시하는 사람들도 많이 있습니다. 그러나 제가 본 정동진 목사님은 탄탄한 신학적 실력과 함께 성경에 대한 지식도 남다를 뿐만 아니라 영적인 은사도 잘 접목되어 있으신 균형 잡힌 분이었습니다. 이런 그의 신앙 고백들을 많은 성도들과 함께 나눌 수 있게 되어 참으로 기쁘게 생각합니다.

저의 시각으로 보았을 때 요즘 한국 교회는 균형을 잃은 것 같습니다. 한쪽으로는 신학적인 판단과 아집으로 타협이 불가능하고, 또 다른 쪽으로는 '은사주의적 영성'이 온 교회를 흔들고 있는 것으로 보입니다. 종말론과 더불어 영성이라 주장되는 것들이 어떠한 판단 기준도 없이 우후죽순처럼 나타나 신앙의 혼란만 가중시키고 있는 실정입니다. 이러한 모습들을 마주하게 될 때 마다 마음이 너무나 안타깝습니다. 이 상황들은 말씀이 없어서가 아니라, 너무나 홍수같이 쏟아지는 내용들을 분별하기가 어렵기 때문에 벌어졌다고 할 수 있습니다.

정동진 목사님은 교계에서 손에 꼽을 만한 영성을 가진 균형 잡힌 신학자요, 목회자입니다. 목사님의 영성과 신학은 매우 균형 있고 문제를 바라보는 시각의 날이 정확하게 서있기 때문에 이런 시국에서 실제적인 분별의 준거 역할을 할 수 있으리라 생각합니다.

정 목사님은 이 책을 통하여 본인의 실제적인 삶과 개인적인 신앙을 진솔하게 풀어냈습니다. 성장해 온 과정과 하나님의 인도하심,

하나님을 향한 뜨거운 열정, 목회자들을 돕는 과정과 깊은 영적인 여정 등으로 구성된 내용에 하나님의 손길과 목사님의 삶이 그대로 드러나 있습니다. 여기서 그치지 않고 더 나아가 목사님의 경험과 함께 많은 영적 정보들을 다루고 있기 때문에 독자들이 하고 있을 수 있는 여러 영적 고민과 갈등들에 대한 명쾌한 해답을 이 책을 통하여 얻을 수도 있습니다. 그렇기 때문에 이 책이 실제적인 신앙의 지침서로서의 역할을 잘 감당할 수 있으리라 기대합니다.

목사님의 사역과 간증은 목회 사역 속에서 나타난 실제적인 문제, '나의 진로를 어떻게 결정하고 선택하는가'에 대한 올바른 판단의 지침을 제시하고 있습니다. 따라서 모든 순례의 길을 걷는 성도의 신앙 규범으로서 당면한 문제와 갈등을 해결할 수 있는 도움을 받을 수 있을 것입니다. 많은 사역자들이 현실에서 마주하게 되는 문제들과 해결되지 않을 것 같은 신앙적 문제를 두고 어찌할 바를 모르고 헤매는 경우가 허다합니다. 올바른 지침을 얻지 못해 수많은 시행착오와 갈등 속에서 방황하고 아까운 시간을 낭비합니다. 물론 정 목사님의 지침들이 우리의 모든 문제에 대한 구체적인 답을 제시할 수는 없습니다. 그러나 어떤 기준과 지침을 가지고 하나님께 나아가고 선택해야 하는지를 배울 수 있습니다.

마지막으로, 이 책은 신앙의 궁극적인 종착지가 어디인가를 제시합니다. 현재 한국 교회의 신앙과 영성이 고린도교회를 통한 바울의

지적처럼 어린아이의 수준에서 벗어나지 못하고 있는 것으로 보입니다. 물론 아닌 경우도 있습니다. 그러나 대부분의 능력 사역과 치유 사역, 기름 부음 사역, 예언, 방언, 통변 등등의 모든 사역이 자신을 드러내는 것에 머무는 한계를 벗어나지 못하는 것으로 보입니다(고전 3:2-3). 정 목사님은 신앙과 영성의 마지막 목표를 주님과의 연합과 신의 성품에 참여하는 것에 중점을 두고 있습니다. 이것은 실로 중대한 내용입니다. 책의 마지막 장에 회개를 통하여 신의 성품에 참여한다는 것을 설명한 부분은 하나님의 말씀에 입각한 신앙과 영성의 가장 중요한 핵심이라 할 수 있습니다.

개인적 신앙의 발전과 이에 대한 실제적인 도움을 얻고자 하시는 분, 영적인 분별기준을 바로 세우고자 하시는 분, 그리고 영성의 마지막 목표가 무엇인지를 알기 원하시는 분들에게 균형 잡힌 도움을 받을 수 있는 좋은 안내서로 이 책을 적극 추천합니다.

2015년 4월 26일,
김석곤 목사
새희망교회 담임목사

추천의 글 | 서문

Part 1
제자훈련으로 뿌리 내리다

예수님을 만나다
chapter 1 » 21

제자훈련에 매진하다
chapter 2 » 37

총신대학교 신학대학원 시절
chapter 3 » 53

두란노서원으로 스카웃되다
chapter 4 » 65

명강의로 소문나다
chapter 5 » 77

Part 2
기도가 삶이 되다

기도의 자리로 이끄신 하나님
chapter 6 » 89

교회를 개척하다
chapter 7 » 109

미국으로 유학을 떠나다
chapter 8 » 139

전통과 정통 사이에서
chapter 9 » 155

예언사역에 답을 구하다
chapter 10 » 175

PART 3
회개, 더 깊은 영성으로

회개하고 또 회개하다
chapter 11 » 189

아직 끝나지 않은 사탄과의 싸움
chapter 12 » 207

더 깊은 영성으로 주님과 동행하다
chapter 13 » 229

부록 - 내가 직접 회개한 내용

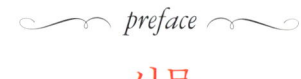

서문

신약성경은 죄를 다양한 용어로 표현했다. 그 중에 '하말티아'란 단어가 있다. 이 단어는 군사용어이다. 즉 군인이 목표물을 정확하게 조준해서 방아쇠를 당겼는데 목표물에 맞지 않고 빗나간 것을 가리킬 때 사용하는 용어이다. 이것이 성경 안으로 들어와서 사람이 하나님의 뜻인 줄 알고 살았는데 그 결과가 하나님의 뜻이 아닐 때도 죄라는 의미로 쓰이는 단어이다. 짧은 지식으로 그것이 하나님의 뜻인 줄 알고 열심히 붙잡고 살았는데 잘 못 깨닫고 잘 못 이해했으니 죄는 죄인 것이다.

나는 약 40년 동안 이렇게 신앙생활을 했다. 내가 살던 시대마다 명성이 있던 방법들이 하나님 앞에서 가장 멋진 신앙생활을 하는 길이라고 생각하고 그것들을 붙잡고 지금까지 달려왔다. 그때그때마다 그것을 붙잡고 정말 최선을 다했다. 점수에 후하지 않은 내가 스스로 평가하였을 때도 그 열심만은 대단하였다.

신앙생활 여정을 시작하고 약 7년이 지난 후 '제자훈련'에 입문하였고(82년 가을), 예수님의 제자가 되어 제자의 삶을 살겠다고 헌신했었다. 나는 그것이 최상의 신앙생활이라고 확신했다. 만나는 모든 사람들에게 제자훈련의 필요성을 역설했다. 마음이 동하는 사람이 있으면 자청해서 제자훈련을 시켰다. 그런데 10년이란 시간이 흘러가자 그동안의 열매를 돌아보게 되었다.(91년 봄) 제자훈련의 열매들이라고 생각하는 사람들에게서 기쁨이 없는 것과 자발적이지 못한 모습과 거의 변화되지 못한 성품을 보게 되었다. 나는 나 자신을 보면서도 동일한 이유로 안타까웠다. 그래서 해결책을 강구하기 시작했다.

    91년 성탄절 예배를 드리고 집으로 돌아와 몇 권의 책을 읽고 소위 삼각산이라 부르는 곳에서 만 2년 동안 하루에 3시간씩 기도하기로 하나님께 약속했다. 기도하는 삶이 시작되면서 육체적으로 고통을 당하기 시작했다. 또 다른 이면에는 많은 사람들의 육체를 치유하는 사역을 했고 하나님의 내적 음성을 듣기도 하며 은사에 치중했었다. 4, 5년이 지나자 하나님께서는 또 다시 그 사역을 돌아보게 해 주셨다. 개척한 교회는 3년 만에 100명이 회집하여 성장하는 교회가 되었고 성도들은 나름 신나게 신앙생활하며 사역하는 것을 보았다. 제자훈련보다는 많은 열매가 맺혔는데 거의 대부분 육체가 치유 받은 열매들이었다. 왜 나의 성품과 삶은 변하지 않는가. 성도들 삶 또한 왜 그러한가를 하나님께 질문하기 시작했다.

    96년 유학길에 올라 공부를 마치고 돌아왔다. 셀 처지, 하우스 처지란 무기를 손에 들고 와서 신학원에서 강의하며 또 교회를 개척했다. 그러다가 한 교회의 청빙을 받아서 만 10년 목회를 하며 접목을 시도했으나 거대한 벽에 부딪혀 실패했다. 그러나 실패만 하지는 않았다. 하나님은 그 사역 말기 4년 동안 '복음' 중심의 신앙관과 '신의 성품 회복'이란 깨달음을 주셨다. 그래서 2013년을 거의 1년 동안 복음만을 설교했다. 그리고 개인적으로 회개하는 신앙의 삶을 시작했다.

하나님 앞에서 회개를 시작하면서 나의 마음 중심에 놀라운 변화가 일어났다. 지나간 세월 동안 그렇게 하루 종일 예수님을 생각해 본 적이 없었다. 주님을 생각하게 되고 하나님과 말씀 앞에서 나를 지속적으로 돌아보게 되었다. 눈물이 마를 날이 없었다. 1년이 넘어가는 어느 날 죄와 싸우고 있는 나의 모습을 발견했다. 특히 가장 가까이에 있는 아내에게 혈기를 부리는 나의 모습을 놓고 보았을 때, 동일한 생활이 반복되고는 있었지만 이전과는 달리 나는 그것과 맞서 싸우고 있었다. 이것이 내가 승리를 쟁취해야 할 영적전투였다. 더욱 중요한 것은 나의 성품에서 부정적인 면을 형성하게 만든 모든 근본적 원인이 영적 실체로부터 비롯되었다는 사실이었다. 그 이후 신앙생활이란 에베소서 6장에서 말하고 있는 영적전투의 연속인 것을 깨닫게 되었다.

영적전투의 과정과 최종 정착지는 어디일까. 바로 내 안에 있는 하나님의 성품을 회복하는 것이다. 칼빈은 회개의 유일한 목적을 "아담과 하와가 죄를 지으면서 거의 도말해 버린 하나님의 형상을 회복하는 것이다."라고 했다. 아마도 칼빈은 회개의 여정을 깊이 걸었던 신앙의 선배 같다. 나는 아직 많은 부분에서 옛 모습을 벗어버리지 못했고 신의 성품을 회복하지 못했다는 것을 안다. 그렇지만 이 길이 성경에서 말하는 신앙생활의 거의 유일한 과정이요, 목표란 사실에는 의심의 여지가 없다.

　나는 나 자신의 부족함을 안다. 그런데 이렇게 내 신앙생활의 여정을 책으로 펴내게 된 것은 나의 삶을 통해 많은 독자들도 자신의 삶을 한 번 돌아보고 깨달음을 얻어 함께 회개하는 여정에 동참하기를 원하는 마음 때문이다.

2015년 4월 11일,
정동진 목사
올리벳선교신학교 서부캠퍼스 학장, 생명의빛교회 담임목사

Part 1
제자훈련으로 뿌리 내리다

chapter 1

예수님을 만나다

나는 1956년 1월 30일, 경북 의성에서 가난한 농부의 아들로 태어났다. 어릴 때부터 어머니에게서 줄곧 들었던 것 중의 하나는 결혼 후 분가할 때 숟가락 젓가락 하나 받은 일이 없다는 이야기였다. 아버지 어머니가 맨몸으로 결혼생활을 시작하셨다는 의미에 더해 내게 절약을 강조하시려는 의도였다. 내 아버지는 집안 사정으로 초등학교도 나오지 못했다. 어머니도 다를 바 없었다. 풍양 조씨 가문에서 여자가 학교를 다닌다는 것은 언감생심 꿈도 못 꿀 일이었다. 아버지는 어깨너머로 받침이 없는 한글만 겨우 깨우치셨다.

내가 태어나 자란 동네는 양반동네여서 안타깝게도 교회가

1980년대에 찍은 고향 풍경

없었다. 대신 산 너머 이른바 쌍놈 동네에는 교회가 있었다. 그 시절은 심하게 양반과 쌍놈을 구별하고는 했다. 그런데 우리 동네에서 그 쌍놈 동네의 교회를 다니는 사람이 딱 한 명 있었다. 우리 동네의 소위 골칫거리라 불리는 여인이었다. 그래서일까, 의식적으로 교회를 멀리하며 초등학교 5학년 1학기까지 시골생활을 했다. 도랑에서 가재 잡고, 강에서 고기 잡고, 산에서 산딸기 따먹고, 밭에서 수박, 참외 서리를 종종 하며 평범하게 자랐다.

초등학교 5학년 1학기 때 큰 집이 대구로 이사를 갔다. 나는 1학기를 마치고 대구의 큰 집으로 가서 머물면서 도시 생활을 시작했다. 큰 집은 내 위로 누나, 형이 한 명씩 있고 아래로 남동생 한 명, 여동생 두 명이 있었다. 성년이 되어 나와 교제하게 된 사람들은 내가 무녀 독남 외동이라고 말하면 깜짝 놀라곤 한다. 전혀 그런 분위기가 나지 않는다는 것이다. 아마도 큰 집의 2남 3녀 속에서 성장한 결과일 것이다.

  부모님과 떨어져 초등학교 5학년 때부터 타지 생활이 시작되었다. 가끔 어떤 결정을 내릴 일이 있어 아버지가 이해하기 쉽도록 받침 없는 글로 편지를 써 보내면 회신의 답은 항상 간결했다.

"애야, 내가 뭘 알겠니. 네가 알아서 하거라."

나는 그때부터 모든 것을 스스로 결정하는 법을 배우게 되었다. 부모님이 계셨지만 홀로서기를 하며 독립할 수밖에 없었다. 이것은 나로 하여금 두 가지 삶에 익숙해지도록 만들었다. 하나는 옳고 그름을 잘 판단해서 한 번도 곁길로 가지 않게 만든 것이고, 또 하나는 나의 판단이 항상 옳다는 고집과 자기주장이 강한 사람으로 만든 것이다. 그런데 이것이 인생에서 장점으로만 작용한 것은 아니었다. 어릴 때부터 몸에 밴 독립심은 오랫동안 나의 발목을 잡았다. 다른 사람의 이야기를 귀담아 들으려 하지 않았고 듣는 척하다가 끝나는 경우가 대부분이었다. 나는 항상 옳다고 생각했고 은연중에 남을 무시하기도 했다.

큰 아버지는 매우 엄격한 초등학교 교감 선생님이었다. 항상 웃어른에 대한 예의를 반듯하게 지킬 것을 강조했고 집안에 해를 주는 그 어떤 행동도 해서는 안 된다고 가르쳤다. 선비 정신과 함께 엄격한 규율을 체득한 사람이 바로 나였다. 또 나보다 6개월이 빠른 사촌 형의 존재도 내게 적잖은 영향을 끼쳤다. 형이 읽은 책들을 나도 넘겨 받아 읽었고, 형이 가는 길을 거의 따라가게 되었다. 형은 전교조가 결성되었을 때 초대 대구지부 사무총장을 지냈고 이후에 대구 교육감선거에서 진보세력 단일후보로 나섰지만 낙선했다. 이런 배경을 가지고 있던 나는 은연중에 무엇을 보든지 부정적으로, 비판적으로 보는 가치관이 형성되었다.

내가 고등학생이 되었을 때[1972] 큰 집에 우환이 닥쳤다. 학교에서 사직하게 된 큰 아버지는 술로 세월을 보내기 시작했다. 술은 사람을 참 이상하게 만든다. 교육가로서 그렇게 점잖으셨던 큰 아버지가 술만 먹으면 폭군으로 돌변했다. 나는 대구 비산동 소재의 방 네칸 짜리 한옥에서 생활하다가 두 칸짜리 셋집으로 이사를 갔다. 큰 집 누나가 시집을 갔지만 큰 집의 여섯 식구에 나까지 일곱 식구가 방 두 칸에서 생활을 했다. 지금 생각해보면 어떻게 살았는지 모를 만큼 좁은 공간이었다. 그러나 공부는 독서실에서 하고 집에서는 잠만 잤기에 큰 불편을 느끼지 못했다.

1975년, 큰 집을 탈출하려고 중앙대학교 경영학과를 지원했다가 낙방했다. 2차 시험은 아예 보지도 않고 안국동에 있던 정일학원에서 재수를 준비했다. 나는 중학교, 고등학교, 대학교 입시의 1차는 모조리 낙방한 전적이 있다.

재수를 시작한 후 약 2~3개월이 흘렀을 때 몸에 이상한 증상이 나타나기 시작했다. 왼쪽 등 뒤에서 앞가슴 쪽으로 대못을 박는 것 같은 통증이 간간히 나타났다. 나무에 대못을 박을 때 강도가 어느 정도인지 모르겠지만, 그 만큼 극심한 통증을 느꼈다. 통증은 시간이 흐를수록 점점 더 그 주기가 빨라지기 시작했고 급기야 매일매일 고통에 시달리게 되었다. 결국 입시 준비가 아니라 요양해야 할 형편이 되고 말았다. 통증이 얼마나 심한지 잠을 잘 수가 없었다. 등을 대거나 엎드려 누울 수가 없어 초기에는 좌우 모로 누워서 잠을 잤다. 시간이 조금 더 지나서는 그렇게라도 눕기만 하면 가슴의 통증이 심해져 아예 누워 있을 수 조차 없었다. 가슴이 터질 것만 같은 통증이었다. 그런데 그 고통은 새벽 2~4시가 되면 완화되었기에, 그 사이에 책상에 엎드려 쪽잠을 잤다. 여러 병원을 찾았지만 병명을 알 수가 없었다. 하나님은 그 때 나를 부르셨다.

교회에 첫 발을 내딛다

재수를 포기하고 다시 대구로 내려갔다. 그때 우리 집안에는 단 한 명, 예수를 믿는 사람이 있었다. 나보다 네 살이 적은 사촌 남동생이었다. 어느 날 사촌 동생이 내게 이런 말을 했다.

"형, 교회에 가 봐! 내가 교회에 다녀 보니 형처럼 아픈 사람들이 하나님의 은혜로 치료받더라."

나는 다음날부터 즉시 두 주간 교회의 새벽기도회에 참석했다. 새벽기도회에 먼저 나가 본 후에 교회의 출석여부를 결정하기로 했다. 중·고등학교 6년을 교장선생님이 장로님이신 중·고등학교를 다녔다. 정식 미션스쿨은 아니었지만 미션 스쿨과 별반 다름없는 학교였다. 성경과 하나님, 예수님에 대해 많은 것을 귀동냥한 후여서인지 교회에 가는데 그렇게 큰 반감은 없었다. 두 주간 동안 새벽기도회에 참석하면서 이전의 걱정 근심하던 날들이 평온해지기 시작했다. 그때부터 교회에 다니기로 결심한 나는 교회의 모든 예배란 예배는 빠짐없이 다 참석하기 시작했다. 갑자기 신앙의 열성분자가 되었다.

대구 동성로에서의 전도

(졸업장을 들고 있는 왼쪽) 중학교 졸업식날 사촌형과 함께

중·고등학교 시절 반에서 나의 성적은 거의 항상 일등이었다. 가끔 교회에 다니는 친구들이 내게 전도를 하면 나는 늘 같은 말을 들려주곤 했다. "네가 나보다 공부를 더 잘하게 되면 그 때 말해. 나는 교회에 다닐 시간이 없어."

미션스쿨 같은 학교를 6년 동안이나 다니면서도 교회와는 거리를 두었다. 그런데 그렇게 교회에 대해 도도하게 굴던 정동진이 교회에 다닌다니, 순식간에 나에 관한 이야기가 의성과 대구 일대에 퍼져나갔다. 고향 친구들 중에 신앙생활을 하던 이들이 꽤 있었다. 나는 그 중에 김명옥 사모현 우간다 선교사가 다니던 '젊은이의 교회'와 연관된 팀으로 들어갔다. 당시 '젊은이의 교회'는 조성래 목사님이 담임하고 있었다. 조

목사님은 기도를 아주 많이 하는 목회자였다. 교회 이름 때문에 기존 교회로부터 이상한 교회로 오해를 받기도 했다. 그런데 조 목사님의 기도하는 신앙을 본받아 그 교회 친구들 역시 교회에 모이면 기도부터 했다. 기도에 전심전력했을 뿐만 아니라 두 가지 일에 있어 열정적이었다.

하나는 대구 시내에서 가장 사람이 많이 모이는 동성로에서 노방전도를 하는 것이었다. 노방전도팀은 매주 토요일 오후 늦은 시간에 모였다. 확성기를 들고 예수님을 믿어야 할 이유들을 어떤 형제는 열정으로, 어떤 형제는 차분하게 이야기했다. 나는 그 모임에 몇 주간 참석만 했다. 그러다가 몇 번 그들의 이야기를 들어보니, 나도 할 수 있겠다는 생각이 들었다.

3주가 지난 후 그 확성기는 내게로 건네져 있었다. 그런데 이게 웬일인가. 확성기를 받아드는 순간 머릿속이 새하얘지는 게 아닌가. 아무 생각도 나지 않았다. 갑자기 식은땀이 온 몸에 주르륵 흐르더니 한 마디 하고 에…, 또 한 마디하고 에…를 반복했다. 더 이상 말을 잇지 못했다. 얼굴이 화끈거려 집으로 돌아갈 수도 없을 지경이었다. 그날 밤, 심장의 통증 때문에 어차피 잠을 잘 수 없으니 긴 시간 동안 동성로에서의 일을 곱씹어 보았다. '안되겠다, 전도문을 작성해보자.'

이제 신앙에 입문한 터라 기독교적 용어가 쉽게 떠오르지 않았다. 우여곡절 끝에 완성해서 줄줄 외우기 시작했다. 토요일은 금방 다가왔다. 동성로에 또 다시 나간 나는 제일 먼저 자청해서 확성기를 잡았다. 암송한 전도문을 일사천리로 쏟아냈다.

또 하나 '젊은이의 교회' 친구들이 열심을 냈던 것은 매주 금요일 저녁마다 대구의 '앞산기도원', '주암산기도원'을 찾아 철야하는 일이었다. 이 모임엔 10여 명이 꾸준히 참석했다. 김명옥 선교사의 남편 권오학 선교사, 정명철 목사대구중앙로교회 담임목사, 이수만 목사전 OMF 국제부 대표 등등이 함께 기도했다. 이들은 하나같이 선교사 후보였다. 나는 이제 교회에 막 출석한 때라 선교가 뭔지도 잘 몰랐다. 그런데 그들이 나의 성씨 본이 중국인 것과 생김새도 중국사람 같다며, '중공선교사'를 목표로 준비하면 좋겠다고 했다. 나는 어느새 비전이 교수 요원 중공선교사가 되었다. 이렇게 활동하는 사이에 2년이라는 시간이 흘렀다. 그러나 가슴의 통증은 여전했다. 새벽 2~4시 사이에 두 시간 동안 책상에 엎드려 쪽잠만 잔 기간이 어느덧 2년이 되었다.

기적 같은 병의 치료

1977년 2월 마지막 주, 태어나서 처음으로 '부흥사경회'에 참석했다. 물 좋고 공기 좋은 경북 의성군 단밀면에 소재한 나의 고향, 그곳에 있는 단밀교회에서 일어난 사건이다. 나는 강단에서 비인격적인 메시지가 전해지는 것을 아주 싫어하는 편인데 처음 참석했던 부흥사경회에서 듣게 된 목사님의 첫 말이 욕이었다.

"예수 믿는다는 놈들이 성경도 안 읽고, 예수 믿는다는 년들이 기도도 하지 않고…."

그런데 참 이상하게도 그날따라 그 욕이 마음에 거슬리지 않고 통과되었다. 아마도 하나님께서 은혜를 주시기로 작정하셨기 때문이리라. 욕 다음에 이어진 말은 "회개하라!"였다. 예수를 믿는다고 하면서 성경도 읽지 않고 기도도 하지 않았으니 회개하라는 메시지였다. 부흥강사 목사님의 메시지는 바로 나를 향한 메시지였다. 교회에 출석한 지 3년째 접어들었지만 제대로 성경을 읽어본 적이 없었다. 그래서 "회개하라!"는 메시지가 가슴을 파고들었던 것이다. 이어진 설교에도 계속 욕이 섞여 있었다.

"이 가운데 병을 앓고 있는 년놈들은 요한복음을 더 읽어!"

쌍스러운 욕에, 반말을 썼지만 그 메시지가 전혀 마음에 거슬리지 않았던 이유는 아마도 그 내용이 성경을 읽지 않았던 내 모습, 원인불명의 병으로 고통하던 내 이야기라고 느꼈기 때문일 것이다. 목사님의 말씀을 듣고 난 후, 어차피 잠을 잘 수 없었기 때문에 집회시간 외에는 거의 신약성경만 내리 읽기 시작했다. 그 주간동안 나는 예전에 학교를 다니며 마지못해 배웠던 성경 말씀을 보다 자세하게 이해하게 되었다. 일단 다른 것은 둘째 치고 예수님에 대해 지식적으로 이해하게 되었다. 예수님께서 수많은 병자를 치료하시고 귀신을 쫓아내신 일들이 마음에 와 닿았다.

부흥사경회는 금요일새벽기도회를 끝으로 마쳤다. 그러나 나는 주일 밤 12시까지 2박 3일 동안 계속해서 성경을 읽어 나갔다. 신약성경 전체를 일곱 번, 그 중 요한복음은 두 번을 더 읽고 잠을 청했다. 그런데 이 날 잠이 든 이후 장장 사흘 동안 깨지 않고 내리 잠만 잤다. 사흘이 지나도록 도무지 깰 기미가 없는 나를 보다 못한 어머니가 깨우시며 말씀하셨다.

"그렇게 몇 년 동안 잠을 자지 못해서 힘들어 하던 네가 이렇게 잠을 자다니, 내가 너무 신기해서 그냥 두고 봤구나!"

기적이 일어났다.

다른 표적을 구하기 시작하다

나는 스스로 생각하건대 제법 이성적이고 논리적이며 합리적인 사고방식을 갖고 있다. 그래서 중·고등학교 시절 교회에 다닐 기회가 있었지만 출석하지 않았고 당시 만연하던 시골의 미신 풍습에는 비웃음을 던졌다. 어머니가 외동아들의 병 때문에 매일 밤 12시마다 목욕재개하고 천지신명께 빌 때도 콧방귀를 뀌었다. 그러던 내게 이해할 수 없는 일이 일어난 것이었다.

지난 2년 동안 얼마나 큰 고통을 겪었던가? 얼마나 많은 병원을 찾아가 검사를 받았던가? 진단도 나오지 않는 병을 앓으며 잠을 못 잤을 뿐만 아니라, 그 마음의 고통은 어떠했던가! 그러던 내가 사흘을 잤다니! 이게 도대체 어떻게 된 일인가?

    부흥강사 목사님의 설교를 듣고 병을 치료 받기 위해서 목적의식을 가지고 성경을 읽은 것은 아니었다. 다만 교회에 다니면서 성경을 읽지 않은 것이 마음의 부담으로 다가왔기 때문에 읽었을 뿐이었다. 요한복음을 두 번 더 읽을 때는 내심 정말 병이 나을까하는 마음도 없지는 않았다. 그런데 평소와 다를바 없이 잠들고 깨어나보니 사흘이 지나 있었다.

    '정말 하나님이 저를 치료하셨습니까? 3년째 교회에 다니고 있지만 하나님이 살아 계시는 유일하신 신이요, 창조주라고 믿어지지 않았는데…, 정말 하나님이 살아 계신 것입니까? 진정으로 하나님이 존재하시는 건가요?'

나는 예배당에서 울부짖으며 기도했다. 얼마의 시간이 지났을 때 갑자기 이런 생각이 들었다. '하나님, 정말 하나님이 저를 치료하셨다면 말씀으로든, 꿈으로든 확인할 수 있게 해주세요.' 그렇게 수요예배를 드리고 집으로 돌아왔다.

    잠이 들었는데 꿈에서 교회 뒤쪽 벽면에 빗자루 하나, 쓰레받기 하나가 걸려 있는 꿈을 꾸었다. 잠시 후 잠에서 깬 나는 벌떡 일어나 칠흑같이 어둔 밤에 작은 산을 하나 넘어 교회로 달려갔다. 뒷문은 잠겨 있는지라 목사님이 출입하는 앞문으로 들어갔다. 콩닥거리는 마음을 간신히 진정시키며 스위치를 켰다. 숨을 쉴 수가 없었다. 꿈에서 본 그 자리, 그 모양 그대로 빗자루와 쓰레받기가 걸려 있었다. 어제 저녁 수요예배를 드리고 집으로 돌아갈 때는 분명히 그것들이 없었는데, 도대체 어떻게 된 것일까? 새벽기도회를 마치고 목사님께 물어봤다. "목사님이 빗자루와 쓰레받기를 다셨어요?" "아닙니다. 나는 모르는 일입니다."

나는 여러 명을 찾아가 물어보았지만 모두가 모르는 일이라고 했다. 금요일 저녁에 구역예배로 모였을 때 다시 그 이야기를 꺼냈다. 그랬더니 동네의 한 아저씨가 말하기를, "그거 내가 수요일 저녁 9시쯤에 달았는데."라는 것이었다.

상황을 정리해 보았다. 내가 수요일 저녁 예배를 마치고 집으로 돌아간 뒤 아저씨가 교회에 들러 빗자루와 쓰레받기를 단 후 기도하다가 집으로 돌아간 것이었다. 그 시각 나는 하나님께 정말 살아 계시면 표적을 보여 달라, 환상으로든 꿈으로든 응답해 달라고 기도했던 것이다. 그리고 그 꿈을 꾸게 된 것이었다.

하나님께서 나의 기도대로 응답해 주셨으니, 하나님의 살아 계심이 믿어져야 하는데 워낙 이성이 강하였던 나는 안타깝게도 쉽사리 믿어지지가 않았다. '정말 하나님께서 살아 계실까'라는 의문이 여전히 떠나지 않고 남아 있었다. 이 경험으로 나는 체험을 한다고 해서 반드시 믿게 되는 것은 아님을 알게 되었다.

논산 수용연대에 입소하다

1977년 2월에 부흥사경회를 통해서 잠을 잘 수 없도록 큰 고통을 주었던, 원인모를 병을 치유 받았다. 그리고 그해 12월에 논산 수용연대에 입소했다. 저녁 8시쯤 도착했는데 5분간의 샤워 시간이 끝나자마자 바로 집합을 시켰다. 집합 후 바로 가슴 사진을 찍었는데 함께 왔던 방 친구들은 모두 훈련소로 떠나고 그 다음 순번으로 입소한 사람들도 훈련소로 떠났는데, 내게는 6일이 지나도록 아무 소식이 없었다. 원인이 무엇인지 알고 싶었다. 하지만 어느 곳에 물어봐야 하는지도 몰랐고 그것을 알려 줄 사람도 없었다. 갈 곳이라곤 수용연대 교회뿐이었다. 지난 부흥집회를 계기로 문제가 있으면 회개하는 것이 가장 빠른 길이란 생각을 하게 되었다. 즉시 교회로 달려가 통곡하며 생각나는 모든 죄를 회개했다.

수용연대에 입소한지 7일째 되던 날 다시 신체검사가 시작되었다. 그 신체검사도 나의 가슴 사진에 집중되었다. 그리고 또 며칠째 아무 연락이 없었다. 답답해 미칠 지경이었다. 별의별 생각이 다 들었다. '뭐 이런 곳이 다 있어? 정말 큰 병이 생긴 거면 어떡하지?'

역시 내가 택할 수 있는 것은 다시 수용연대교회에 가서 기도하는 것 뿐이었다.

'하나님! 저를 이곳에서 돌려보내주세요. 그러면 제가 신학교에 입학해서 군 복무기간 만큼 하나님이 어떤 분이신지 더 아는데 온전히 시간을 바치겠습니다.'

다음날 또 신체검사가 시작되었다. 이번에도 역시 가슴사진 촬영에 관심이 집중되었다. 난생 처음으로 거꾸로 매달려서 가슴사진을 찍기도 했다. 그리고 입소 13일째가 되던 날 군의관의 호출을 받았다.

"결핵인 것 같은데, 활동성인지 비활동성인지 분별이 안 된다. 내가 집으로 돌려보내 줄 수도 있고 훈련소로 보내 줄 수도 있는데 어떻게 할까?" 나는 군의관에게 솔직하게 말했다. "제가 수용연대 교회에 가서 하나님께 기도했습니다. 저를 이곳에서 돌려보내주시면 신학교로 진학해 하나님을 아는데 온전히 시간을 바치겠다고요. 그러니 군의관님 마음대로 결정하십시오."

"하하하, 그래? 그럼 내일 집으로 돌아가서 1년 동안 잘 먹고 운동해서 내년에 입대해!"

다음날 짐을 싸들고 수용연대를 빠져 나오면서 다시는 이곳에 오지 않을 것이라는 예감이 들었다. 이 사건은 내 인생을 완전히 바꾸어 버렸다.

chapter 2

제자훈련에 매진하다

교회를 다닌지 4년째 되던 해에 신학교에 입학했다. 그 신학교에서 배운 지식들이 나의 신앙관을 형성했다. 거기에 UBF, 네비게이토 제자훈련으로 청년시절을 보냈다. 신학교에서 배운 신학과 선교단체 지도자들을 통해서 받은 제자훈련이 내 신앙의 뿌리가 되었다.

교육전도사가 되다

논산 수용연대에서 하나님과 한 약속을 지키기 위해 1978년 3월 대구신학교 신학과에 입학했다. 금요일 수업을 마치면 고향으로 내려가 단밀교회를 섬겼다. 중·고등부를 지도하며 성가대로 섬겼고 그

의성 단밀교회 여름성경학교 모습 (한 가운데에 있는 청년)

해 여름에 성경학교를 마치자마자 중·고등부 수련회를 이끌게 되었다. 내가 맡은 부서이기에 3박4일 동안 금식하며 섬기기로 했다.

이틀째 저녁, 사모님께서 맨 앞에서 인도하는 전도사님이 금식하면 힘이 빠져서 안 된다며 국수를 먹으라고 계속 권유했다. 나는 괜찮다고 몇 번 거절하다가 결국 국수를 먹었는데 그만 배탈이 나고 말았다. 화요일 저녁 집회를 마친 후부터 밤새 화장실을 들락거렸더니, 힘이 생기기는커녕 더 빠져버리고 말았다.

수요일, 마지막 저녁 집회가 가까워 오고 있었다. 어차피 금식하던 중이라 일찍 예배당에 들어가 기도하고 있었다. 기진맥진해서 기도하고 있는데 중학생 둘이 들어와서는 기도는 하지 않고 계속 장난을 쳤다. 몇 분 참다가 일어나 말했다.

"얘들아, 교회에 왔으면 저녁에 은혜 받기 위해서 기도해야지, 왜 장난을 치니?"

사실, 큰 소리를 낼 힘이 없어서 작은 소리로, 화가 담기지도 않은 부드러운 목소리였다. 그런데 갑자기 그 두 학생이 온 교회를 데굴데굴 굴러다니면서 기도를 하는 게 아닌가. 어찌 된 영문인지 몰라서 멍한 얼굴로 지켜만 보고 있었다.

얼마 후 몇 명의 학생들이 또 예배당 안으로 들어왔다. 그런데 그들도 예배당에 발을 들여놓는 순간부터 데굴데굴 구르고, 눈물콧물을 다 쏟아내며 기도하는 게 아닌가! 이후 차례로 예배당에 들어오는 학생들과 교사들이 예외없이 모두 그렇게 기도했다. 멀쩡하게 서서 구경하는 사람은 나 혼자 뿐이었다. 잠시 후 예배당에서 일어나는 소리가 사택까지 들렸는지 담임목사님이 들어오셨다. 목사님은 내게 이렇게 말했다.

"전도사님! 오늘 저녁 집회는 안 해도 되겠어요. 그냥 기도하도록 내버려 둬요. 나중에 마무리 기도만 하고 끝냅시다."

사실 나는 그때까지 성령의 역사가 어떤 것인지 전혀 모르고 있었다. 왜 이런 일이 일어난 것인지 오리무중이었다. 담임목사님은 내게 "앞으로 부흥사가 되겠어요."라고 말했는데, 이 말도 어떤 의미로 하신 건지 전혀 가늠할 수가 없었다. 지금 돌이켜보면 초자연적 은혜로 내 몸이 치유 받은 것이나, 전도사로서 처음 치룬 중·고등부 수련회에서 일어난 특별한 역사나, 신학교 재학 시절 2년 동안 한 달에 한 번씩 동기 전도사들과 산 기도를 간 것 등에는 하나님의 특별한 섭리가 있었던 것 같다. 그러나 그때는 그 사건들이 그저 신기할 뿐이었지, 그 속에 감춰진 하나님의 계획을 모르고 있었다. 아니, 하나님의 계획이 무엇인지 찾아보려는 생각조차 하지 못했다.

짧았던 담임목회 에피소드

그 일이 있은 지 얼마 후 담임복사님이 갑자기 사임하는 일이 생겼다. 지난주까지 아무 말씀도 없으셨다가 갑자기, 정말 갑자기 사임하시더니 떠나신 것이었다. 장로님 두 분이 급하게 나를 찾아왔다.

"담임목사님께서 갑자기 떠나셨으니 전도사님이 다음 주부터 주일 오전, 주일 저녁, 월요일과 토요일, 주일 새벽 설교를 해 주셔야겠습니다." 신학생이며 고향 교회의 전도사이긴 했지만 이제 겨우 신앙생활 4년차인 사람이 맡기에는 너무 부담스러운 자리였다.

나는 대구에 올라가자마자 서점에 들렀다. 유명한 목사님들의 설교집을 몇 권 산 후, 주일 낮, 저녁으로 그분들의 설교를 베껴서 읽었다. 2개월 후 새로운 담임목사님이 부임했고 나는 자유의 몸이 되었다. 교회에서 말씀을 전하는 2개월 동안 얼마나 긴장했는지 모른다. 수용연대에서 드린 기도 때문에 괜히 이 고생을 한다며 투덜대기도 했다. 하지만 감사한 깨달음도 있었다. 설교자는 언제나 말씀을 전할 준비가 되어 있어야 하고 설교집을 베껴 하는 설교는 결국 앞뒤가 맞지 않아 설교자 자신에게도 은혜가 안 된다는 것이었다. 그것은 결국 청중에게도 감동을 줄 수가 없다.

대구신학교 시절 네 학기 동안 단 한 번도 수석의 자리를 놓치지 않았다. 대구에서 교육전도사를 하는 동기들에 비하면 많은 시간을 길거리에서 보냈다. 금요일에 대구에서 의성 단밀로 내려가는 시간, 월요일에 의성 단밀에서 대구로 올라오는 시간, 장거리 버스길에 피곤한 몸 등을 감안하면 불가능한 일이었다. 그러나 하나님은 이런 조건에서도 열심히 공부할 수 있도록 은혜를 주셨다.

귀신이 떠나가다

1979년 어느 금요일, 신학교 학우들이 함께 모여 주암산 기도원으로 철야를 하러 갔다. 밤 열 시쯤 도착했는데, 기도원 안에는 서 너 명의 사람이 앉아서 기도하고 있었다. 그 중 한 사람이 아들을 무릎 위에 앉히고 기도하는 것이 보였다. 동행했던 학우들이 갑자기 질문을 했다.

"아들입니까? 어디 아픈가요?"

"네, 막내아들입니다. 귀신이 들려서 떠나기를 몇 주 째 기도하고 있는 중입니다."

"네, 그렇군요. 저희들이 기도할 때 중보기도 하겠습니다."

학우 대표는 학우들에게 각자 산으로 흩어져 기도하다가 새벽기도 시간에 맞춰서 내려오라고 부탁했다. 학우들은 두세 명씩 짝을 지어 산으로 올라갔다. 밤새 기도하고 새벽기도 시간에 맞추어 하나 둘, 학우들이 내려왔다. 나는 아직 기도에 익숙하지 않았던 터라 학우들보다 조금 일찍 내려갔다.

3분의2 정도의 학우들이 내려와 성전에서 기도할 때였다. 갑자기 날카로운 비명 소리가 들렸다. 깜짝 놀라 고개를 들어 소리 나는 쪽을 바라보았다. 아들을 안고 기도하던 아주머니가 있는 쪽이었다. 나는 직감했다.

'아, 아이에게 들어갔던 귀신이 떠나는가 보다!'

그런데 문제는 그 날카로운 비명소리가 계속되자 내가 보인 반응이었다. 나는 솔직히 귀신들린 이야기를 듣기는 했지만 본 적이 없었고, 귀신이 떠나는 장면을 목격한 적도 없었다. 갑자기 온몸에 소름이 돋더니 두려움이 엄습해왔다. 나는 머리를 성전 바닥에 쳐 박고 기도했다.

"하나님, 저 귀신이 제게 들어오지 않게 해주세요. 제발 제게 들어오지 않게 해주세요!"

그렇게 귀신이 떠나가는 것을 처음 경험했다. 그런데 예수를 믿는 하나님의 자녀들의 몸에도 귀신이 들어갈 수 있고, 머물고 있을 수 있다는 것을 너무 빨리 잊어버렸다. 신학교에서 배운, 성도의 몸에 귀신이 들어갈 수 없다는 신학이 그 사건을 잊게 만들었다.

계명대학교 입학

1980년 6월 10일, 징집면제 판정을 받았다. 징집면제 판정 후 대구신학교를 그만 두었다. 하나님과의 약속을 지켰기 때문이기도 했고, 산 기도를 하며 친구들과 공유하게 된 '중공선교사' 비전을 준비하기 위해서 일반대학교에 진학하려고 결심했기 때문이었다.

단밀교회 여름성경학교, 중·고등부 수련회를 끝내고 나니 8월 중순이 되어서야 공부를 시작할 수 있었다. 만 5년 가까이 손도 대지 않았던 입시공부를 4개월 동안 준비하려니 벅찼다. 그러나 하나님께서 은혜를 주서서 계명대학교 인문과학대학 중어중문학과에 입학할 수 있었다. 주님을 알기 전에는 중·고등학교, 대학교 입시의 1차는 모조리 떨어졌고 겨우 2차에나 붙었는데 예수님을 믿고 난 후에는 아무리 지방에 있는 대학교지만 만 5년 동안 손 놓았던 공부를 4개월 만에 준비해서 합격했다. 기적이라고 할 수밖에 없었다. 하나님이 행하신 기적이었다.

1981년, 대학교에 입학한 후부터는 대구 동신교회에 출석하기 시작했다. 나이가 있는데 동신교회 대학부에 출석하기가 멋쩍어서, 1년 6개월 동안 교회 예배만 출석하며 학교 공부에 매진했다. 동신교회를 선택하여 출석하게 된 것은 내 인생의 또 다른 전환을 예비하고 계셨던 하나님의 인도하심이었다.

신학교 동기 전도사의 손위 동서가 대구 동신교회 교육부 부장집사님이었다. 이런저런 이야기를 주고받다가 내가 교수요원 중공선교사의 비전을 가지고 대학교에 들어간 후 대구 동신교회에 출석하고 있다는 말을 했다. 나에 관한 얘기가 전해지고 전해져 갑자기 선을 보게 되었다.

대구 동인동에 있는 '경북다방'이란 곳에서 지금의 아내를 처음 만났다. 그때 나는 부모님으로부터 빨리 결혼하라는 압력을 받는 중이었다. 시골의 고향 친구들이 결혼을 빨리 한 이유도 있었지만 무녀독남 외동이니 부모님의 압력은 어찌보면 당연한 것이었다.

처음 만난 자리에서 무슨 이야기를 그렇게 오래 했는지 모르겠다. 동일한 교수요원 선교사 비전을 가졌던 것이 처음 만난 남녀 사이의 가교 역할을 했다. 그때 나는 나이든 대학교 2학년이었고, 아내는 대학교 졸업반이었다. 지금의 아내와 결혼을 약속하고 대학부 활동을 시작했다. 대학부 안에서 우리는 결혼할 커플로 공식 인정되었다. 이것은 내 삶을 온전히 바꾼 또 다른 전환점이었다.

제자훈련에 입문하다

당시 동신교회의 대학부 지도자는 일반교회 입장에서 보면 파격적인 사람이 맡고 있었다. 목회자가 아닌 UBF (UBF는 University Bible Fellowship의 첫머리 글자를 딴 선교단체로 한국에서 자생한 선교단체이다) 출신의 집사님이었다. 대학부에서는 그분을 목자님이라고 불렀다. 나는 1982년 9월부터 UBF식 제자훈련을 받았다. 말씀을 공부한 후에 그 말씀을 기준으로 내 생활을 샅샅이 살펴보고 그 말씀과 어긋나는 것은 모두 회개하고 포기하는 결단을 기도문으로 써내야 했다. 당시 대학부에서는 그것을 '소감문'이라고 불렀다.

그때 UBF 제자훈련을 받으면서 어떤 상황과 환경 가운데 있을지라도 말씀이 절대 권위를 가지고 있음을 배웠다. 비록 그 말씀대로 살지 못해도 그 말씀이 가진 권위만큼은 인정하게 되었고, 말씀의 권위에 대해 어떤 이의도 제기하지 않는 신앙을 갖게 되었다.

UBF 제자훈련과 더불어 UBF에서 발행한 「일용할양식」이란 책자를 가지고 경건생활의 훈련을 받았다. 지금도 당시의 풍경이 고스란히 그려지곤 한다. 목자님은 내게 일용할양식 책을 주면서 "큐티해 오세요."라고 했다. 그때 처음 큐티라는 용어를 들었다. 당연히 큐티를 어떻게 하는지도 몰랐다. 나는 한 편의 설교를 작성해갔다. 목자님과 1:1로 훈련에 들어가기 전에 큐티 나눔부터 시작했는데, 목자님이 먼저 나누는 큐티 내용을 들으며 화끈거리는 얼굴을 감추기가 어려웠다. 목자님은 말씀에 비춰서 자신의 삶을 진솔하게 고백하고 있었다. 반면 내가 준비한 큐티는 설교였기에, 대상이 내가 아니라 성도들이었다. 이렇게 익히게 된 경건훈련은 나중에 큐티 잡지를 만드는 책임자가 될 때에 큰 도움을 주었다. 당시 얼굴이 붉어졌던 첫 큐티 나눔 때에는 전혀 생각지도 못한 일들이 나를 기다리고 있었다.

새벽 2시까지 집 앞에서 기다리다

나는 '대학생성경읽기사'에서 발간 된 창세기, 요한복음 등을 교재로 제자훈련을 받았다. 대학교 2학년 2학기부터 약 1년을 훈련받은 후 계명대학교 내에서 동신교회 출신 후배들을 양육하기 시작했다. 처음에는 한 명을 양육했고, 시간이 지나면서 3명까지 양육했다. 학생으로서 학교 공부를 하면서 세 명의 제자를 양육한다는 것

(왼쪽에서 첫 번째) 동신교회 대학부 계대캠퍼스 야유회

은 큰 헌신을 필요로 했다. 한 번 만날 때 제자를 양육하는 시간은 최소한 2~3시간이 소요된다. 한 번 만날 때 마다 QT나눔, 지나간 한 주간 동안 있었던 삶 나눔, 과제물 점검, 말씀공부 등을 나누며 진행했다.

당시 대구동신교회 대학부 캠퍼스 리더들은 새 학기가 되면 캠퍼스 소속 형제, 자매들의 수강과목과 시간표, 그리고 강의실 번호를 꼭 확인했다. 그렇게 한 이유는 간단하다. 양육 대상이 약속을 안 지킬 때 그 날 혹은 그 주 안에 다시 만나서 보충을 해야 하기 때문이다.

공과대학을 다니고 있던 한 형제를 양육할 때 겪은 이야기를 하려고 한다. 그 친구는 제자훈련 받는 것을 아주 싫어했다. 부모님이 교회에 다니시니 어쩔 수 없이 교회에 다니는 수준의 친구였다. 그런 친구를 내가 양육하게 되었다. 훈련 장소에 안 나타나는 일이 비일비재했다. 그렇지만 수강과목과 강의실을 알고 있기 때문에 이내 만날 수 있었다.

그런데 어느 날 하루는 훈련 시간이 되었는데 강의실에서 조차 만날 수가 없었다. 훈련을 받지 않겠다고 아예 작심하고 움직인 모양이었다. 훈련 장소에 나오지 않았고, 수업에도 참여하지 않은 것이 그것을 입증하고 있었다. 나는 학교 공부를 파하고 그를 만나기 위해서 그의 집으로 갔다. 아직 집에 오지 않은 것을 먼저 확인했다. 그리고 그가 오기를 계속 기다렸다.

저녁 무렵부터 기다리기 시작해서 밤 10시, 11시, 12시, 1시가 지났는데도 그는 집에 돌아오지 않았다. 새벽 2시 가까이 되었을 때에서야 마침내 모습을 드러냈다. 그는 대문 앞에 서 있는 나를 보고 정말 두 손 두 발 다 들었다는 표정을 지었다. 그 이후로부터 훈련 시간만큼은 꼬박꼬박 잘 지켰으나 제자훈련 자체는 마지못해 받았다.

나는 내가 맡은 형제들을 책임감을 가지고 이렇게 철저한 시간관리, 말씀이 주는 적용점 실천, 소감문 등을 철저하게 점검하며 제자훈련을 인도했다. 그것이 제자훈련이라고 생각했기 때문이었다. 그러나 제자훈련을 통해 마음의 태도가 변화되고 행동이 변하여 성숙하는 형제들을 거의 볼 수가 없었다.

1985년 대학을 졸업하고 총신대학교 신학대학원에 입학했다. 그 무렵 네비게이토 제자훈련에 관심이 생겼는데, 하나님의 은혜로 네비게이토 출신 형제를 만나 교제할 수 있었다. "인간과 하나님", "그리스도인의 확신", "그리스도인의 생활 지침", "그리스도인의 생활 연구", "그리스도의 제자가 되는 길"등을 훈련받았다. 성경공부와 더불어 제자훈련과 관련한 서적 읽기, 성경 읽기, 성경암송 등의 훈련도 병행했다. 한 달에 신구약성경을 한 번 읽고, 일주일에 세 구절씩 성경을 암송했다.

    이 훈련은 내게 성경읽기를 통한 성경이해의 길을 열어주었다. 성경 암송은 설교와 강의에 엄청난 힘을 더해주었다. 서울에서 생활하던 2년 6개월 동안 네비게이토 훈련을 지속적으로 받았다. 그리고 한 가지 훈련을 더 받았는데, (사)두란노서원에서 매년 실시했던 "데니스레인 강해설교 세미나"에 참석해 그분의 지론에 따른 강해설교 훈련을 받았다. 일반적인 목회자는 신학교에 입학해 신학을 배우고 졸업한 후 강도사 고시, 목사 고시를 고쳐 목사 안수를 받는다. 나는 신학, 제자훈련, 신학과 제자훈련, 강해설교 훈련을 받고 대학원을 졸업했다.

신대원을 다닐 때는 이전처럼 학교 공부에 올인하지 않았다. 계명대학교 시절에는 학과에서 가장 뛰어난 학업능력을 보이는 학생에게 제공되는 "도서관 특별열람실"을 3년 반 동안 독차지했었다. 학교 공부에 온 힘을 쏟는 것이 당연하기에 그랬지만, 장단점이 있었다. 단점을 꼽는다면 주변 학문에 폭넓게 관심을 갖지 못한다는 것이었다. 그래서 신대원에 다닐 때는 공부에 올인하기보다 다른 학문에도 관심을 두기로 했다.

나는 많은 책을 읽고 정리하는 시간을 가졌다. 일반적으로 신대원 학생들은 조직신학에 관심을 갖기 마련인데, 나는 일반 신학생들이 관심을 갖지 않던 성경신학, 계약신학, 약속과 성취 등과 관련한 책들을 섭렵했다. 무엇보다도 성경을 많이 읽었다. 내 신앙의 뿌리는 교회생활과 신학, 그리고 제자훈련과 다양한 지식들까지 흡수하고 있었다. 이는 평범한 목회길이 아닌 또 다른 길잡이 역할을 해 주었다.

내 인생의 가장 슬픈 이야기

대구 동인동 '경북다방'에서 선을 보았던 자매와 결혼을 했다. 대학교 3학년 1학기를 시작할 무렵이었다. 졸업 후 결혼하려던 계획이 변경된 것은 대학부 지도 목자님의 권면 때문이었다. 아내는 계명대학교 미술대학 동양화과를 졸업하고 비전을 따라 같은 대학교 대학원에 진학했다. 우리는 결혼생활을 하며 학교에 다녔다.

결혼 후 3개월이 지나던 6월 어느 날, 이른 아침부터 장인어른이 오토바이를 타고 신혼집으로 급히 찾아오셨다. 우리 부부는 전날 밤 대학부 리더 수련회를 늦게 까지 했던 터라 깊은 잠에 빠져 있었다. 장인어른은 사돈이 사고를 당했다면서 빨리 택시를 타고 시골로 내려가라고 하셨다. 인사불성이 되도록 술을 드신 아버지가 그만 농약을 술로 알고 마셔버린 것이었다.

그 사건은 나에게 큰 상처를 안겨주었다. 아버지는 교회에 두 번 출석하셨지만 예수님을 구주로 믿지는 않으셨다. 그때 나는 한 가지 사실을 깨달았다. '사람은 내가 원할 때까지 기다려주지 않는다.'는 것이다.

아버지가 세상을 떠나신 사건은 아직 학교를 다녀야 하는 학생의 신분인 내게 경제적으로 큰 고통을 가져다주었다. 어머니는 갑자기 당한 사고로 인해 충격을 받아 정신이 오락가락하셨다. 대학교에 다닐 때는 전액 면제 성적장학금을 받았기에 학비 걱정을 해 본 적이 없었는데 지금은 생활비와 아내의 대학원 등록금을 염려해야 했다. 무엇보다 정신이 오락가락하는 어머니를 시골에 두고 떠날 수가 없었다. 나와 아내는 선택의 여지가 없었다. 어머니를 대구 신혼집으로 모셔서 함께 살기로 했다. 다행히 어머니는 빠른 시일내에 회복되셨다. 그것은 무엇이든 아들을 위해서 일해야 한다는 강한 모성애의 발로였다. 나와 아내는 대학교와 대학원을 다녔고, 어머니는 쉰이 다 된 나이에 직물 공장에 다니셨다. 우리는 어머니의 적은 월급으로 몇 개월간 생활했다.

　　기력을 회복한 어머니는 시골의 4,500평 정도 되는 땅을 관리하시겠다며 다시 시골로 내려가셨다. 나와 아내는 어머니를 위해서 손자든 손녀든 낳자고 의논하고 1984년 5월 2일, 내가 대학교 4학년 1학기, 아내는 대학원 3번째 학기 중에 큰 딸을 낳았다. 이 일로 인해 아내는 대학원을 휴학했다. 그런데 이후로 아내는 다시 복학할 기회를 얻지 못했다. 나는 이듬해1985년 총신대학교 신학대학원에 진학했고 곧 서울로 이사를 갔다.

chapter 3

총신대학교 신학대학원 시절

1984년 대학교 4학년 때였다. 나는 대만 국립사범대학교 유학을 준비하고 있었다. 나와 아내는 동일한 교수요원 선교사 비전을 가지고 있었다. 나는 가정환경 때문에 마음이 흔들릴 때도 많았지만 아내는 이 비전을 결코 놓는 법이 없었다. 나는 가장으로서 가정을 책임져야 한다는 이유였는데 아내는 하나님께서 주신 비전대로 가야 한다고 강하게 주장했다. 그렇게 대만 유학을 준비하던 중에 대구동신교회 담임목사님이시자 스승이신 김창렴 목사님의 호출을 받았다. 1984년 11월 어느 날의 일이었다. 나는 나의 계획을 목사님께 말씀드렸다. 나의 이야기를 들으신 목사님이 말씀하셨다.

화창한 이느 날 김창렴 목사님과 함께

"정 선생님! 총신대학교 신학대학원에 진학하십시오. 졸업한 후에 우리 교회에서 대만 선교사로 파송해 줄 테니 마음 놓고 공부하세요."

목사님은 나의 진로에 대해 지대한 관심을 갖고 계셨다. 당시 대구 동신교회는 네 명의 풀타임 선교사를 파송하고 있었다. 집으로 돌아가 아내와 의논을 했다. 아내는 목사님의 의견을 따르자고 했다. 나는 전혀 생각하지도 않았던 총신대학교 신학대학원 입학을 갑자기 준비해야 했다. 그때 담임목사님의 이야기를 들으면서 아주 중요한 것을 깨달을 수가 있었다. 지도자는 성도를 눈 여겨 보고 있어야 하고, 때로는 결정적인 순간에 대화로 문제를 풀어야 한다는 것이었다.

갑자기 대만 유학에서 총신대학교 신학대학원 입학으로 진로가 수정되었다. 당시 대학원 입시 과목은 영어, 논문, 헬라어, 라틴어였다. 나는 한 달 만에 시험을 쳐야 했다. 단기 집중 공부에는 자신이 있었다. 하지만 공부보다 내게는 더 큰 문제가 있었다. 대학원에 입학했을 경우 등록금, 생활비 등이었다. 나는 야곱처럼 하나님과 담판을 했다.

"하나님! 공부는 자신 있습니다. 하지만 합격하면 등록금은 하나님이 책임지세요. 그리고 헬라어, 라틴어 공개강좌가 끝나기 전에 교육전도사로 일할 교회가 결정되게 해 주십시오. 그렇게 해

주시면 신학대학원에 다니고, 그렇지 않으면 안 다니겠습니다!"

대학원 등록금은 어머니께서 어렵게 마련해 주셨다. 그리고 헬라어, 라틴어 공개강좌가 끝나기 한 주 전, 신설동 동원교회에서 연락이 왔다. 하나님은 나의 담판 제안을 모두 들어주셨다. 나는 하나님의 인도하심에 순종하기로 했다.

신설동 동원교회에서의 사역

대구 동신교회 대학부에서 제자훈련을 받으며 크게 깨달은 것 중의 하나는 일은 분담해서 해야 한다는 것이었다. 그리고 어떤 부서든지 교역자가 유일한 중심이 되면 안 된다는 것을 배웠다.

전도사 한 사람에게 모든 일이 집중되어 좌지우지하게 될 경우 많은 문제가 발생하곤 했다. 모든 교사들이 선도사만을 바라보고 시키는 일만 하는 이유도 컸다. 당시에는 이런 식의 주일학교 운영이 흔한 모습이었던 것 같다. 나는 부서를 이끄는 전도사는 교사 교육만 책임지고, 교사들이 자신이 맡은 반을 책임지는 것이 가장 효과적이라고 생각했다. 아울러 전도사가 모든 활동을 주관하는 것이 아니라, 전도사는 자료만 제공하고 부서를 만들어 선생님들이 부서활동을 이끌어 가는 것이 일꾼도 키우고, 가장 효과적인 열매를 맺는다고 보았다.

신설동 동원교회 유초등부를 예배부, 교육부, 생활지도부로 나눴다. 각 부서에 부장과 부부장을 세웠다. 선생님들에게 원하는 부서를 지원하라고 권유했다. 한 부서에 6-7명의 선생님들이 지원했다. 토요일마다 나는 선생님들을 교육했고, 선생님들은 교육이 끝나면 학생들을 심방했다. 그리고 한 달에 한 번씩 부서 특별활동을 진행했다. 2-3개월이 지나자 이런 말이 들려왔다.

"이상한 전도사가 와서 자기는 일하지 않고 우리만 일을 시킨다."

어쩌면 선생님들의 그런 말들은 당연한 것이었다. 지금까지 전도사가 주연을 했고, 자신은 조연도 아닌 종노릇만 했으니, 당연히 그런 말이 나올 법도 했다. 나는 들려오는 여러 소리에 개의치 않고 계속 밀고 나갔다. 그리고 여름 성경학교가 시작되었다. 60여명 출석하던 유초등부학생들이 여름 성경학교를 마쳤을 때는 두 배가 넘는 150여명이 되었다. 여름 성경학교가 끝나고 교사 위로회 자리에서 이렇게 말했다.

"이렇게 유초등부가 일시에 배가 된 것은 전적으로 선생들의 공입니다. 저는 아무 것도 한 것이 없습니다. 저는 토요일에 선생님들을 교육시킨 것뿐입니다. 학생들 생활지도, 심방, 공과공부 등, 모든 것을 선생님들이 하셨습니다. 선생님들이 유초등부를 배가 시키셨습니다."

여름 성경학교 이후로 나에 대한 평가가 달라졌다.

"우리가 지금까지 잘못 배웠네요. 부서는 정 전도사님처럼 운영해야 하는 것인데, 새로 부임하시는 전도사님만 바라보다가 전도사님이 떠나면 우왕좌왕 한 것이 잘못된 배움이었어요."

그런데 이런 나의 새로운 리더십을 못 마땅하게 여긴 분이 있었으니, 바로 담임목사님이었다. 담임목사님은 군목 출신이라 자신이 모든 것을 주관해야 직성이 풀리는 분이었다. 사소한 물품을 구입할 때도 모두 일일이 자신이 확인을 한 후에야 결재했다. 나는 여름 성경학교 이후로 유초등부에서 어떤 일도 진행할 수가 없었다. 계획서를 올리면 이유여하를 막론하고 제재를 당했다.

원남교회 고등부에서의 사역

아무 일도 하지 못하고 6개월을 보냈다. 동원교회 유초등부 선생님들은 담임목사님에 대한 불만을 쏟아냈다. 나는 교회를 옮겨야 겠다고 마음먹었다. 1986년 3월에 새 학기가 시작되었는데 같은 반 학우였던 신성균 집사가 나를 찾아왔다.

"정 전도사님, 제가 원남교회에서 고등부 부장을 맡고 있습니다. 1년 동안 전도사님을 지켜보았는데 원남교회 고등부에서 함께 일해 보고 싶습니다."

원남교회 지도 전도사로 자리를 옮겼다. 신성균 집사는 자신보다 나이가 적은 나를 동생같이 생각하며 잘 섬겨주었다. 신성균 집사의 제안으로 주일 교사 새벽기도회를 열게 되었다. 신 집사님 부부가 밥과 국을 준비하여 새벽기도회를 마친 교사들에게 대접해주었고, 식사가 끝나면 성경공부를 했고, 성경공부가 끝나면 학생들에게 전화심방을 했다. 당시 원남교회 고등부는 출석 인원이 40명을 넘기지 못할 때였다. 그렇게 9개월의 시간이 흘렀다. 처음 학생들의 부모님은 일요일 꼭두새벽부터 자녀들을 바꿔달라는 교회의 전화에 몹시 비협조적이었다. 하지만 시간이 지나면서 자신이 하지 못하는 것을 교회 선생님들이 하신다는 생각으로 바뀌었고, 적극적인 협조자로 변모했다. 고등부 출석 인원이 점점 늘어갔다. 1987년 새해에 들어서자 100여명이 출석하기 시작했다.

어느 날 부회장 홍정옥 자매가 내게로 와서 이렇게 말했다.
"전도사님! 여학생들이 전도사님 무지 좋아하는 거 아세요?"
"아니, 모르는데. 결혼도 했는데 왜 좋아할까?"
"마이크를 타고 들려오는 전도사님 목소리가 성우 배한성 씨와 똑같다고 여학생들이 너무 좋아해요."
원남교회 고등부가 부흥한 데는 하나님이 내게 주신 천연의 목소리가 일조했다. 원남교회 고등부는 교역자와 부장집사, 교사들이 혼연일체가 되어 열정적으로 사역했다. 나의 인생 여정을 되짚어 볼 때 그때만큼 한 마음으로 함께했던 시절이 있을까 싶다. 그렇게 즐겁게 사역하던 6월 어느 날, 대구 동신교회 담임목사님으로부터 전화가 걸려 왔다.

다시 대구 동신교회로

1987년 신학대학원 3학년 1학기 학기 중이었다. 대구 동신교회 담임목사님으로부터 전화를 받았다. 교회가 어려우니 내려와 도와주면 좋겠다는 내용이었다. 아내는 일단 신학석사학위를 받을 때까지는 서울에 있어야 한다며 대구로 내려가는 것을 반대했다. 목회가 아닌 교수를 꿈꾸던 나는 고민하기 시작했다.

'하나님이 내게 주신 주 달란트는 가르치는 것인데, 은사 목사님은 교회가 어렵다고 내려오라 하시니….'

하지만 나는 개인적인 공부보다는 교회를 먼저 생각해야 한다고 생각했고, 아내가 흔쾌히 동의하지 않았지만 대구 동신교회로 내려가기로 선택했다. 대구로 내려가 보니, 12명이 있던 전임교역자가 다 떠나고 여전도사 1인, 교육전도사로 이승희 전도사^{현 반야월교회 담임목사}, 이용범 전도사^{현 알바니아 선교사} 뿐이었다. 교회의 사정을 정확하게 몰랐기에 짐작만 할 뿐이었다. 당시 대구 동신교회는 만촌동에 12,510평의 땅을 샀었

대구 동신교회 앞에서

다. 아마도 많은 빚을 지고 있던 모양이었다. 거기에다 10억 예산으로 교회를 건축했는데 그 예산중에 일부가 빚이고, 건축 후 진 빚이 또 10억이 넘는다고 들었다. 당시 이자율로 따지면 한 달에 이자만 3,400만원이 넘게 나가는 규모였다. 당시 중고등학생 포함 480명 성도 수로는 감당하기 힘들 것이라는 결론을 내렸다.

나는 신학대학원 3학년 2학기 개학을 앞 둔 1987년 8월, 두 전도사님과 함께 교회를 살릴 전략을 짰다. 6개월의 전도전략을 세웠다. 목표는 6개월 후인 1988년 1월 31일에 지금 출석교인을 배가 시키는 것이었다. 전도 구호는 "단 한 사람만!"으로 정했다.

담임목사님은 주일 낮 예배와 설교만 담당하셨고, 주일 저녁은 이용범 전도사, 수요저녁예배는 이승희 전도사, 금요철야는 내가, 새벽기도는 교역자들이 돌아가면서 담당하기로 했다. 배가 전도 전략을 크게 두 가지로 세웠다. 하나는 새 성전 건축 후 이사 오는 과정에서 떨어진 70여명의 성도들을 다시 출석하게 하는 것이고, 다른 하나는 약 400여명의 새 신자를 확보하는 것이다.

동신교회는 새 성전 건축 전에 동인동에 있었다. 새 성전을 건축한 만촌동과는 약 4km 정도 떨어져 있었다. 이들은 교회 부지를 사고, 성전을 건축하는 동안 아주 많이 헌신했다. 교회가 이사 오고 새로운 성도들이 유입되는 과정에서 약간의 상처들을 받았을 것으로 생각했다. 그렇기 때문에 담임목사님이 심방을 하시면 다시 출석할 것으로 예상했다. 이 일을 맡아서 수행할 분은 담임목사님

밖에 없었다. 세 명의 교육전도사는 이 과제를 담임목사님에게 맡기기로 했다.

전략은 짰지만 이제 이것을 누가 담임목사님에게 이야기할 것인가가 문제였다. 의논 끝에 모두 제자이지만 내가 총대를 메야 한다는 여론이었다. 나는 담임목사님을 찾아가 6개월 전도전략 프로그램을 제시하고, 정중하게 주일 낮 예배 설교만 담당하시고 다른 시간들은 저희들에게 맡겨 주실 것을 말씀드렸다. 담임목사님은 흔쾌히 허락하셨다.

이제 세 명의 교육전도사 해야 할 일은 400여명의 새신자를 전도할 구체적인 계획을 세우는 것이다. 우리는 표어를 두 개로 정했다.

"단 한 사람만!"
"단 한 사람만 그리고…"

전자는 4개월 동안 만나서 인사할 때, 전화 통화할 때는 "단 한 사람만 전도하십시다."는 말로 인사하기로 했다. 그리고 모든 차량과 주

표어가 벽에 붙어있는 모습

일날 출석하는 성도들의 옷에 매주 '단 한 사람만!'이란 스티커를 붙이기로 했다. 담임목사님을 제외한 모든 교역자들은 설교할 때 전도에 대한 동기부여와 함께 전도해야 할 당위성 등을 설파하고 더불어 할 수 있다는 격려 메시지를 하기로 했다. 구역장들을 대상으로 특별 교육을 실시하고 그들을 통해서 온 구역 성도들이 꼭 전도해올 전도대상자를 단 한 사람만 작정하도록 했다.

  4개월 동안 모든 메시지 시간, 기도 시간에 한 사람씩만 작정해서 전도할 것을 호소했다. 금요기도회가 살아나기 시작했고, 참석인원도 200여명으로 늘어났다. 대부분의 성도들이 12명의 교역자들이 교회를 떠나는 과정에서 이렇게 저렇게 나눠 받았던 부담감들을 떨쳐내고 '교회가 되겠다'는 희망을 갖기 시작했다. 성도들의 얼굴 표정부터가 밝아졌고 말투와 대화의 내용도 달라졌다. 4개월이 지났을 때 준비된 구호를 바꿨다.

 "단 한 사람만 그리고…."

성도들은 어리둥절해 했다. 지난주 금요철야기도회 때까지만 해도 "단 한 사람만!"이었는데, 하루 사이에 "단 한 사람만 그리고…."로 바뀌어 있었으니 말이다. 성도들은 교역자들에게 저 표어는 또 무슨 의미냐며 물어왔다. 세 명의 전도사가 세운 전략이 적중했다.

 "잠시 기다리면 알게 될 겁니다."

이 표어의 목표는 한 사람을 전도한 후에 전도된 사람이 교회에 제대로 정착할 때까지 계속 돌봐주는 것이었다. 나는 그때 장인 장모님을 전도했고, 지금도 하나님을 잘 경외하고 계신다. 1988년 1월 31일이 되었다. 그 날에 1,067명이 예배에 참여했다. 문제는 다음 주에 몇 명이 출석하느냐 인데, 한 주 후 정확히 100명이 떨어져 나가고 967명이 출석했다. 그리고 그 인원은 계속 유지되었다. 약 480명 출석하던 교회가 6개월 만에 배로 출석하게 된 것이다. 성도의 수만 늘어난 것이 아니었다. 그리고 분위기만 바뀌어 진 게 아니었다. 이것은 재정도 증가 되었다는 것을 의미했다. 대구 동신교회의 급한 문제가 해결되고 있었다.

전도 주일 이후 약 3개월이 지난 모습

chapter 4
두란노서원으로 스카웃되다

총신대학교 신학대학원에 입학했을 때도 목회자가 되고 싶은 마음은 없었다. 오로지 교수요원 중공선교사가 되는 것이 목표였다. 그러면서도 마음 한편에는 신대원 졸업 후에 입사해서 근무하며 배워 보고 싶은 곳이 있었다. 바로 '(社)두란노서원'이었다. 이유는 두란노서원의 '데니스레인 강해설교 세미나' 때문이었다. 신대원에 다니면서 네비게이토 제자훈련을 받았고, 두란노서원에서 매년 개최하는 강해설교 세미나에 참석해 배웠던 터였다. 세미나에서의 배움이 그곳에서 일해보고 싶은 마음을 불러 일으켰다.

두란노서원에 입사하다

대구 동신교회로 내려간 1년 6개월 후 새로운 전기를 맞이했다. 1989년 1월에 두란노서원에서 주최하는 강해설교 지방 세미나 장소가 대구 동신교회로 결정되었다. 나는 교회 대표로서 두란노서원의 스텝들을 돕게 되었다. 옆에서 돕다 보니 자연스럽게 두란노서원 스텝들과 이야기할 기회도 많았다. 나와 많은 이야기를 나눈 스텝들은 두란노서원 지도부에 내 이야기를 했고, 세미나가 시작되었을 때는 실질적 리더들로서 부원장이었던 김재은 목사님, 편집부장

방선기 목사님이 대구로 내려왔다. 그 리더들은 이미 나에 대해 사전지식을 가지고 있었고, 대구 동신교회가 제자훈련과 성경공부 체제인 것을 교회 곳곳에서 확인하게 되었다. 편집부 총괄 책임을 맡고 있던 방선기 목사님은 부원장 김재은 목사님과 의견을 조율하더니 내게 두란노서원에서 함께 일하자고 제안했다. 제안을 받는 즉시 나는 두란노서원에서 일하기로 결정했다. 신대원 시절부터 바라던 꿈이었으니, 당연한 선택이었다.

두란노서원 지도부는 정식 입사 전에 월요일은 교역자들이 교회에 근무하지 않으니 서울에 올라와서 두란노서원 사역을 도우면 어떻겠느냐고 제의했다. 나는 2월부터 9월까지 약 8개월 동안, 월요일 새벽 4시30분 통일호 기차를 타고 서울로 올라갔다가 밤 11시 통일호 기차를 타고 대구로 내려오는 고된 시간을 보냈다.

큐티 세미나를 이끌다

1989년 10월 4일 목사 안수를 받은 후 서울로 이사해 두란노서원에 출근하기 시작했다. 당시 두란노서원 편집부는 서빙고 온누리교회 지하실에 있었다. 그해 약 3개월은 두란노서원 내 서원부 과장 직위로 사역하며 목회자 제자훈련, 데니스레인 강해 설교세미나, 기독교사상강좌 등을 도왔다. 이듬해에는 『생명의 삶』 편집차장 직위를 가지고 사역하게 되었다. 이 직책은 아무나 맡을 수가 없

(맨 뒷줄 오른쪽에서 다섯 번째) 두란노서원 직원 야외예배날 기념 촬영

었다. 큐티에 대해서 아는 사람만이 맡을 수 있는 직책이었다. 대구 동신교회 대학부를 다닐 때 UBF 출신 목자님과 제자훈련을 하면서 『일용할양식』으로 오랫동안 경건훈련을 한 경험이 있었다. 이것이 배경이 되어 결정된 직책이었다.

내가 차장으로 승진하면서 맡은 『생명의 삶』 잡지는 매월 약 4만부 정도가 보급되고 있었다. 나는 새로운 큐티 이론을 개발하고 큐티 보급을 위해서 2개월에 한 번씩 전국을 누비며 큐티 세미나를 개최했다. 이런 노력 끝에 내가 두란노서원을 퇴사할 무렵(1991년 6월말)에는 약 12만부로 판매량이 증가되었고 두란노서원의 여러 잡지 중에서 가장 많은 흑자를 냈다. 경건훈련 잡지 중 명실상부한 최강자가 되어 있었다.

당시 지방에서 열린 큐티 세미나 중에 있었던 한 가지 일화가 떠오른다. 영주에서 열렸던 세미나인데, 한 집사님을 만났다. 그분은 영주의 한 교회에 출석하며 목축업을 하고 있었다. 그분은 큐티 세미나 강사였던 내게 점심식사를 대접하고 싶어 했다. 식사가 끝나자 자신의 목장에 가서 기도해 줄 수 있느냐고 요청해왔다. 오후 강의 시간에 여유가 있었기에 당연히 그렇게 하겠다고 답한 후 함께 목장으로 갔다. 목장 입구에 들어서는데 많은 가축들의 울음소리가 들려왔다. 그런데 갑자기 집사님이 질문을 해왔다.

"목사님! 저 가축들이 지금 왜 우는지 아시겠나요?"

"저야 당연히 모르죠…. 배고파서, 주인이 오니 좋아서, 아니면 몸이 아파서? 추측은 가능하지만 잘 모르겠습니다."

"목사님, 전 목동생활 10년을 채운 지금에서야 가축들의 울음소리를 알아듣게 되었습니다."

집사님의 대답에 여러 가지 생각이 머릿속을 떠다녔다. '그럼 같은 목동인 나는 뭔가? 내가 한 교회를 10년쯤 담임한다면 성도들의 소리를 듣고 어떤 상태인지 깨닫게 될까? 나를 포함한 요즘 목회자들은 무엇을 하는 사람들인가? 이 집사님이 울음소리를 알아듣는 것처럼 나는 성도들의 내면의 소리를 듣고 대처할 수 있을까?' 머릿속의 생각은 생각으로 끝나고, 이에 담긴 의미를 깊이 알려 하지 않은 채 마무리되었다.

말씀에 대한 반응은 동일하지 않다

나는 『생명의 삶』 책임자로서 잡지 저변 확대를 위해서 2개월에 1회씩 QT세미나를 개최했다. 많은 사람들이 QT훈련을 받으러 왔다. 나는 나이 많은 형제, 혹은 교역자 그룹을 인도했다. QT세미나는 먼저 이론적 강의를 한 후에 그 이론에 따라 본문을 묵상한다. 그리고 묵상한 말씀을 나누고 기도로 마치는 과정으로 진행했다.

한 번은 어떤 신학교 조직신학교 교수가 QT세미나에 참석했다. 그날 QT 본문이 마태복음 8장 28-34절이었다. 예수님께서 가다라 지방에 가셨을 때 귀신들린 두 사람이 무덤 사이에 있다가 예수님과 만나게 되었다. 두 사람을 사로잡고 있던 귀신들은 예수님에게 자신들을 내쫓으려면 돼지 떼에게 들여보내 달라고 애원했다. 예수님은 그들의 요청을 허락했다. 두 사람에게서 나온 귀신들이 2,000마리나 되는 돼지 떼에 들어갔고 그것들은 모두 물에 빠져 몰살되었다.

그 교수는 이 내용을 가지고 QT를 한 후에 묵상한 말씀을 서로 나누는 시간에 "저는 돼지 떼가 되고 싶습니다. 돼지 떼가 정말 큰 희생을 했습니다"라고 발표했다. 나는 내심 그 교수가 '저는 신학생들과 교회를 위해서 예수님처럼 능력 있게 축사를 하는 교수가 되겠습니다.'와 같은 말을 하기를 기대하고 있었다. 그런데 예수님을 중심으로 QT를 한 것이 아니라 돼지 떼를 중심으로 말씀을 묵상한 것을 듣고 조금은 의아했다.

성경 말씀은 각자에게 다양하게 이해될 수 있고, 자신의 마음이 가는대로 다양한 해석이 가능하다. 적용은 해석에서 나오는 것이기 때문에 적용점 또한 매우 다양할 수 있음을 보았다.

목회자를 대상으로 한 제자훈련

편집부에서 내 직위는 '생명의 삶 편집 차장'이었지만 그것에 국한되지 않고 두란노서원 내에서 진행되는 제자훈련 사역과 목회자와 관련된 모든 사역을 도왔다. 두란노서원에 입사하고 보니 일대일 제자양육 세미나가 3박 4일 일정으로 진행되고 있었다. 3박 4일이라는 짧은 기간에 제자훈련 세미나를 진행한다는 것이 나로서는 이해가 되지 않았다. 이것은 교재의 내용을 가르치는 것이지 제자훈련은 아니었다. 지도부와 이야기한 후 6개월짜리 목회자 제자훈련 과정을 신설했다. 모집 인원을 60명으로 제한했다. 그런데 광고를 보고 90명이 넘는 목회자들이 지원을 했다.

나는 이 과정에 지원한 지원자들을 1:1로 면담한 후 60명을 선별했다. 선별한 이들에게는 최종 입학 전에 한 가지 첨부서류를 요구했다. 6개월 동안 훈련에 전념할 수 있도록 당회 허락서를 받아오라고 한 것이다. 허락서는 6개월 동안 새벽기도회 후 오전 12시까지 훈련에 전념할 수 있도록 시간을 배려한다는 내용이었다.

최종합격자가 정해지고 훈련이 시작되었다. 목사님들은 내가 얼마나 칼 같았으면 내게 면도날이란 별명을 붙여주었다. 1개월이 지나자 면도날로는 안 되겠다면서 도끼날이란 별명을 새롭게 붙여주었다. 그만큼 철저하게 훈련을 시켰었다.

      6개월 훈련 후에 세 명의 목사님이 2~3년 더 제자훈련 과외를 시켜달라고 매달렸다. 제자훈련의 결과는 금방 나타나지 않기에, 나는 이 세 명의 목사님들과 약 1년을 더 훈련에 전념했다.

신구약 성경공부 이야기

신구약 성경공부는 (故)하용조 목사님이 두란노서원이란 이름으로 시작한 첫 강좌였다. 하 목사님 이후 여러 명이 맡아 강의가 이어졌지만 세월이 흐르면서 여기저기서 성경공부 강좌가 많이 생겨났기 때문에 이전만큼 활성화 되지는 못했었다.

      방선기 목사님이 이 강좌를 나에게 넘기셨다. 나는 열심히 준비해서 월요일 저녁마다 학기제로 강의를 했다. 그런데 이상한 일이 벌어졌다. 보통 강좌는 100명으로 시작하여 50~60명으로 마치는 경우가 대부분인데, 내가 맡은 후부터는 200~300명이 회집했다. 이 현상이 첫 학기에서 끝나지 않고 세 학기 연속해서 동일한 모습을 보여주었다. 두란노서원의 다른 잡지인 『빛과 소금』에서 "장안의 화제 신구약 성경공부"란 특집을 만들어 기획 기사를 내보낼 만큼 큰 인기를 누렸다.

기사를 써준 빛과 소금 잡지의 직원들과 함께 (왼쪽에서 첫 번째)

특집기사의 핵심내용은 편집부 기자의 "왜 신구약성경공부에 오십니까?"란 질문에 참석자가 자신의 참석 이유를 말하면 기자는 그것을 녹음한 후 편집하여 쓴 것이었다. 지금도 어느 회사원의 대답이 기억에 남아 있다.

"가끔씩 월말이 월요일에 걸리면 회식을 가야 했어요. 그런데 이상하게도 회식자리에 가 있어야 하는데 제가 신구약공부 강좌에 와 있는 거예요." 기자는 이어서 질문했다.

"무엇이 그렇게 만들었다고 생각하십니까?"

"강사 목사님께서 강의 후에 삶 속에서 적용할 수 있는 주제를 하나씩 제시해 주시는데, 그 적용점이 계속해서 마음속에 맴돌아 또 생각나고 또 생각나고…. 정말 신기합니다. 분명히 회식자리에 있어야 하는데 그 적용점에 이끌려 신구약 성경공부를 하러 가게 됩니다."

강의를 들었던 한 간호사 자매는 이렇게 글을 남겼다.

> 정동진 목사님께서 어제 저녁 강의 후에 "이번 주 적용점은 가정과 직장에서 어떤 인격적인 모욕을 당해도 대응하지 않고 참고 넘어가는 것입니다. 이것을 실천한 후에 글로 적어 주세요."라고 말씀하셨다. 나는 출근해서 근무하고 있던 중 어떤 의사로부터 심한 모욕을 당했다. 나는 그 의사가 내게 준 모욕감보다 몇 배로 더해서 되돌려주었다. 책상으로 돌아와 쾌재를 불렀다. 그런데 그날 저녁 신구약 성경공부의 적용점을 쓰면서 오늘 낮에 있었던 일 때문에 울고 또 울었다. 다음날 출근하면서 어제의 실패를 되뇌며 오늘은 절대로 실패하지 않겠다고 굳게 다짐했다. 그날도 근무 중에 또 다른 의사로부터 모욕감을 느꼈다. 어제의 실패를 생각하고 울분을 억지로 참았다. 그리고 책상으로 돌아와 너무 분해서 머리카락을 쥐어뜯으며 울었다. 귀가해서 신구약성경공부 적용점을 쓰면서 어제와는 다른 의미의 눈물을 흘렸다. 내 입술은 계속해서 "주님! 승리하게 해 주셔서 감사드립니다!"를 반복하고 있었다. 이런 생각이 들었다. 내가 일찍부터 이렇게 신앙생활을 했더라면 지금쯤은 많이 성숙했겠구나…. 지금이라도 할 수 있어서 너무나 감사하다. 정동진 목사님, 감사드립니다.

강의에 참석한 형제·자매들의 적용문을 매주 읽으면서 오히려 내가 더 큰 은혜를 받았다.

이렇게 신나게 사역하고 보람도 느끼며 사내에서도 많은 인정을 받을 수 있어 기뻤다. 그러나 아무도 모르는 사이에 또 다른 일이 벌어지고 있었다.

노조의 설립과 퇴사

두란노서원과 인연을 맺고 사역한 지 2년째가 되어가던 1990년 11월, 회사원들이 노조를 설립했다. 그런데 두란노서원 원장이셨던 하용조 목사님은 노조를 조용히 해체시키려고 하셨다. 하 목사님은 편집부 총책임자인 방선기 목사님, 출판부 책임자인 이경준 형제, 그리고 목사로서 『생명의 삶』 차장을 맡고 있던 나를 부르셨다. 노조가 잘 해체될 수 있도록 적극 협조해 달라고 하셨다.

당시 『생명의 삶』 편집 차장이라는 직위를 가지고 있다면 마땅히 노조가 아닌 경영자의 편을 들어야 했다. 그러나 우리 세 사람은 경영자의 요구에 따르지 않았다. 경영자든 노조원이든 하나님 앞에서 잘 못 된 것이 있으면 이번 기회에 하나님께서 기뻐하시는 삶을 회복하자는데 뜻을 모았다. 이것이 경영자의 노여움을 샀고 1991년 2월 말로 세 명은 퇴사가 결정되었다.

그런데 방선기 목사님이 1991년 봄 학기 강좌가 이미 2개월 전부터 광고로 나갔기 때문에 정동진 목사는 이미 광고된 강좌는 잘 마무리하고 퇴직하는 것이 좋겠다는 의견을 냈다.

그 의견이 수렴되어 나는 『생명의 삶』 편집장 역할과 더불어 1991년 봄 학기 강좌를 맡아 이끌게 되었다. 정말이지 마음에 내키지 않는 결정이었다. 퇴직이 결정된 상태에서 강좌들을 이끌고 싶지 않았다. 그러나 방선기 목사님의 간곡한 부탁에 마음을 가다듬고 충실하게 강좌를 마무리했다. 방 목사님은 내게 무척 미안해 하셨다. 자신이 나를 두란노서원으로 스카웃 했는데 노조 문제로 퇴사하게 되었으니…. 방 목사님은 자신이 맡아 강의하던 기독교선교횃불회관 '사모횃불 지도자 모임'을 내게 인계해 주시겠다며 자신이 인도 선교를 다녀오는 두 주간 동안 나에게 강의를 맡겨 주었다.

chapter 5

명강의로 소문나다

신앙생활 여정에 계속 문제가 일어났다. 낙심에 빠질 때도 있었지만 그리 오래 가지는 않았다. 내가 그 문제를 극복해서였다기보다는 하나님께서 그 문제들을 통해서 나의 사역을 계속 새로운 방향으로 전환시키셨기 때문이다.

헵시바 제자훈련원을 개원하다

신구약 성경공부 멤버들이 6월 말로 나의 퇴사가 결정되었다는 것을 알게 되었다. 당시 신구약 성경공부는 그룹별 모임이 있었고 각 그룹에는 조장이 있었다. 조장들이 모여서 회의를 거듭한 결과 '계속 성경을 공부하고 싶다.'는 결론을 내렸다. 대부분의 조원들도 동일한 생각이었다. 그들은 나를 찾아와 대화의 시간을 요청했고 퇴사 후 무엇을 할 것인지를 물었다. 나는 당시 지도하고 있던 홍성교회 대학부와 방선기 목사님이 인계해 주신 기독교선교원햇불회관 사모햇불 지도자 모임에서의 강의가 전부였다. 퇴사 결정이 난 지 얼마되지 않은 무렵이었을 뿐만 아니라 봄 학기 강좌가 진행 중이었기 때문에 그것을 잘 마무리하고 이후의 일들을 생각해 볼 참이었다. 그들은 이후 나의 사역이 결정되지 않았음을 확인하고 가더니 조장 그룹 회의와 조원들과의 대화를 통해서 내가 전혀 생각하지 못했던 일을 결정해 나에게 요청해 왔다.

"목사님, 퇴사 후에도 저희들에게 계속 성경공부를 가르쳐 주세요. 저희가 후원자 그룹을 만들어 후원하겠습니다. 목사님께서는 제자훈련 전공자시니까 이번 기회에 '제자훈련원'을 설립하시면 어떨까요?"

하나님은 이렇게 나의 걱정근심을 사전에 제거해 주셨다. 퇴사 후의 진로 고민이 순식간에 사라졌다. 퇴사 후 9월 학기부터 '헵시바 제자훈련원'이라는 이름으로 후원자 성경공부와 목회자 제자훈련 사역이 시작되었다. 내가 제자훈련원을 개원했다는 소식이 퍼지자 그동안 연관되었던 많은 목사님들이 훈련을 받고 싶다며 연락해 왔다. 한 주에 목회자로 구성된 제자훈련 그룹을 네 그룹으로 구성하여 인도했다. 20여 명의 목사님들과 제자훈련을 시작했는데, 성경공부 후원자 그룹 중 자매들을 중심으로 한 팀도 제자훈련을 받고 싶어했다. 이런 식으로 훈련원의 규모가 점점 더 커져갔고 간사를 영입하고 회계 간사까지도 따로 세우는 단계에 이르렀다. 처음 시작했으니 나나 후원자나 모두 열심이었다.

목사님 그룹 훈련 이야기

나는 제자훈련을 시작하기 전에 반드시 정지작업을 했다. 각자가 하고 있는 모든 일을 감당하면서 제자훈련을 받을 수는 없기 때문이었다. 계속 해야 할 것과 중단해야 할 것을 분별해 주었다. 나는 그것을 위해서 매일 아침 일어나는 순간부터 15분 단위로 무엇을 하고 있는지 2주 동안 적어 분석하게 했다. 하루 24시간, 일주일 168시간 사용에 대한 분석이었다.

"잠 = 49시간(하루 7시간, 7일) = 약 30%"

"심방 = 36시간(하루 6시간, 7일) = 약 22%"

"기도 = 3시간 30분(하루 30분, 7일) = 약 2%"

"성경읽기 = 1시간 30분(하루 15분, 7일) = 약 0.8%"

목사님들은 평소에 자신이 살던 대로 15분 단위로 시간을 체크했다. 한 주가 지난 후에 각 항목에 대한 시간 통계를 내 보았다. 분석 결과를 보면서 목사님들은 엄청난 충격을 받았다. 자신이 기도하는 시간이 2~3% 밖에 안 되고 성경을 읽는 시간도 1% 밖에 안 된다는 것에 말이다. 이것을 2주 동안 계속 점검하게 했더니 시간 사용에 대한 전면적인 전환이 필요함을 절감하는 분위기가 형성되었다. 그나마 새벽 기도회가 있어 기도시간이 2~3%이지, 만약 새벽 기도회조차 없었다면 0%가 나왔을 것이다. 목회자들의 주 특기가 기도도

성경말씀도 아니었다. 심방이고 여가 활동이었다. 자신이 먹는 것이 없는데 성도들에게 무슨 영양분을 나눠 줄 수 있을까?

목사님들은 시간 사용에 대해 도전을 받고 타임 테이블을 새롭게 짰다. 성경읽기 시간, 기도 시간, 독서 시간 등을 먼저 할애하고 다른 시간 사용을 기록했다. 그러나 항상 긴급한 일에 쫓겨 원래 계획대로 이루어지지 않았다. 나는 성경을 매일 15장, 30페이지를 읽게 했다. 그리고 한 페이지 덜 읽으면 벌금 100원을 내기로 정했다. 목사님들은 100원이라고 하니 별 것 아닌 것처럼 생각했다. 하루 30페이지면 일주일에 210페이지를 읽어야 한다. 210페이지를 모두 못 읽으면 벌금은 21,000원이 되었다. 거기에다 독서 과제, 성경암송 등의 벌금이 부과되었다. 어떤 목사님은 한 주일에 25,000

원의 벌금을 내기도 했다. 한 달 만에 훈련을 포기한 이도 있었다. 1991년에 2만원은 큰돈이었다. 훈련은 아무나 받는 것이 아니다. 열정이 있어야 하고 의지가 있어야 하고, 그것 아니면 안 된다는 유일한 목표가 있어야 한다.

사모 횃불

1991년 6월, 두란노서원을 퇴직하고 '사모횃불 지도자 모임'에서 제자훈련 강의를 했다. 사모님 지도자란, 사모님들이 그룹 활동을 했는데 그 그룹의 리더들을 말한다. 15명 정도 된 것으로 기억하는데, 이 지도자들은 내가 강의하는 제자훈련 강의를 듣더니 전체 사모횃불에 와서 강의해 달라고 요청했다. 그런데 단 4개월, 한 학기만이란 단서가 붙었다. 나는 개의치 않고 한 학기를 강의했다. 150명 정도 모이던 사모님들이 200여명으로 증가했다. 사모횃불 지도부는 내게 한 학기를 더 강의해 달라고 요청했다. 제자들의 리더십에 관해 한 학기를 더 강의했고, 200여명 모이던 사모님들이 300여명으로 증가했다. 사모님들은 한 학기만 강의해 달라고 하던 것을 취소하고 계속 강의해 달라고 요청했다. 1996년도에 유학을 떠나기 전까지 사모횃불에서 계속 강의했고, 사모님들의 운집 수는 점점 증가했다.

청지기 횃불

청지기횃불 구성원은 주로 신학생인 전도사님들이었다. 이 그룹은 횃불원에서 취약지구였다. 누가 지도해도 20~30명을 넘기지 못했다. 그런데 사모횃불 사모님들이 증가하는 것을 보고 청지기횃불 강의까지 맡아달라는 요청이 들어왔다. 전도사님들은 내가 제자훈련 전공자란 사실을 알고는 이미 적극적인 태도로 바뀌어 있었다.

사실 제자훈련은 소그룹으로 해야지 강의로 할 수 있는 것은 아니었다. 나는 제자훈련 리더십 강의를 하겠다고 했다. 한 학기 동안 제자의 리더십에 대해 강의했다. 그런데 이게 웬일인가? 몇 년째 20~30명을 넘기지 못하던 청지기횃불이 한 학기를 마칠 즈음에는 100명 이상이 모이게 되었다.

당시 총신대학교 신학대학원 교수로 계셨던 권성수 목사님이 안식년을 맞아 기독교선교원횃불회관에서 연구원으로 재직 중이었다. 권 교수님은 루디아횃불(군 장성과 부인, 가족들로 구성)을 맡아 강의하고 있었는데 어느 날 내게 이런 말을 전해 주었다.

"요즘 횃불회관 지도부에서 이렇게 이야기합니다. '정동진 목사가 누구야? 박사가 아니면 기독교선교횃불회관에 강의할 이력도 안 되는데 신학 석사학위도 아니고 목회학 석사학위로 횃불회관을 주름잡다니, 정동진목사가 누구야?'라고 말입니다."

루디아 횃불

월요일은 사모횃불과 청지기횃불에서 강의했고 화요일날 루디아횃불까지 강의를 맡게 되었다. 목사횃불과 사회사업횃불을 제외한 나머지 세 횃불에서 모두 강의하게 된 것이었다. 기독교선교원횃불회관이 존재한 이래로 한 사람이 세 개의 횃불을 강의한 것은 내가 처음이었다. 한 학기 강의가 끝난 어느 날, 한 자매로부터 전화가 걸려 왔다.

"목사님 계좌번호를 알려주세요. 여름 휴가비를 조금 송금해 드리고 싶습니다."

갑작스런 제안에 당황하여 사양했다. 불쑥 계좌번호를 알려주는 것도 그렇고, 또 무슨 속임수가 있지 않은가 하는 의심도 했다. 그 자매는 자신이 송금해야 할 이유가 있다면서 알려달라고 했다. 나는 그럼 무슨 이유로 그러는 것인지 말해 주면 들어보고 결정하겠다고 답했다. 그 자매는 어렵게 말을 꺼내면서 정말 부끄러운 이야기라고 했다.

"목사님, 원래는 제가 자살을 결심 했었습니다. 그런데 한 지인이 죽더라도 정동진 목사님 강의를 꼭 한 번 들어본 후에 결정하라고 강권했어요. 죽은 사람 소원도 들어주는데 산 사람 소원을 들어주지 못할 이유가 없어 처음으로 루디아횃불에 나갔습니다. 목사님이 14주 동안 하신 모든 강의가 저를 위한 강의였습니다. 목사님의 강의를 듣고 사명을 발견했고, 제가 살아야 할 이유도 찾았어요!"

"무슨 이유로 자살까지 결심하셨습니까?" 내가 물었다.

"목사님, 저는 매일 새벽 어떤 힘에 이끌려 새벽 기도회를 갑니다. 좀 더 자세하게 말씀드리면 마귀가 저를 깨워서 새벽 기도회에 가라고 위협해서 갑니다. 사람들은 새벽 기도회에 가라는 것이 무슨 문제가 되냐고 하겠죠? 그런데 설교가 끝나고 개인 기도 시간이 되면 제가 다른 사람들이 기도하지 못하도록 계속 훼방을 하게 됩니다. 큰 소리를 지르며 기도가 아닌 기도를 하게 하고, 이상한 목소리 톤으로 찬양을 하게 하고…. 그래서 너무 괴로워 자살하기로 결심한 거였습니다. 목사님, 제가 왕십리 근처 재개발 되는 곳에 집을 여러 채 가지고 있었어요. 저의 결심이 얼마나 확고했냐하면 그 모든 것을 다 팔아서 제가 아는 목사님을 위해 교회를 하나 지어 드리고 나머지는 저의 두 아들의 미래를 위해 저축했습니다. 그리고 자살하려고 했습니다. 그런데 매주 진행되는 목사님 강의에, 내일…, 또 내일…, 미루게 되다가 한 학기가 지나가 버렸습니다. 그리고 결국 제 결심을 번복하게 되었습니다. 제가 은혜에 보답하는 길은 목사님께서 여름 휴가를 가실 때 용돈을 조금 드리는 것뿐이란 생각에 전화 드렸어요."

한 학기 동안 한 나의 강의가 자살을 결심한 한 영혼을 살렸다니 정말 감사할 따름이다. 두란노서원에서 퇴직하게 되었을 때 아쉬움이 많았지만 신구약 성경공부에 참여한 성도님들로 인해 '헵시바 제자훈련원'이 설립되고 목회학 석사학위 밖에 없는 내가 '기독교선교원햇불회관'에서 강의를 하며 인정을 받게 된 것은 전적으로 하나님의 은혜였다. 나는 그때 그것이 하나님의 은혜라고 생각하지 못했다. 내가 뛰어나기 때문이라고 생각했다. 오늘이라도 하나님께 고백해야겠다.

"신학석사, 박사학위도 없는 저를 높여 사용하신 하나님께 감사와 영광을 올려드립니다!"

Part 2

기도가 삶이 되다

chapter 6

기도의 자리로 이끄신 하나님

헵시바 제자훈련원, 기독교선교원 횃불회관 사역 등으로 내 인생의 전성기를 보내고 있었다. 다른 것이 전혀 필요하지 않던 시기였다. 적어도 나는 그랬다. 그러나 하나님께서는 나를 위해 다른 계획을 세우고 계셨다. 기도하지 않던 목사가 기도한다는 것은 쉬운 일이 아니다. 특별한 계기가 있어야 가능하다. 하나님께서는 기도하지 않던 나를 기도의 자리로 이끄셨다.

1990년 어느 날, 방선기 목사님이 내게 책 한 권을 주면서 이렇게 말씀하셨다.

> "앞으로 이런 시대가 올 겁니다. 나는 우리 교회 청년부에서 이미 시도하고 있습니다. 정 목사님도 한 번 읽어 보시고 준비하시면 도움이 될 겁니다."

그 책을 다 읽지는 않았지만 대충 보니 예수전도단식의 기도하는 방법에 관한 것이었다. 어떤 문제를 놓고 합심해서 기도한 후 어떤 응답을 받았는지 서로 이야기하는 기도법이었다. 마음이 내키지 않아 책 내용을 대강 훑어보고 잊어버린지 약 2년이 지났다.

나는 책을 사면 거의 곧바로 읽는 편인데 2년 전 받은 책을 포함해서 사놓기만 하고 서재 한켠에 방치해둔 책들이 있었다. 1991년 성탄예배 후 집에 돌아왔을 때 평소와 달리 책장에 꽂혀 있던 어떤 책들이 유난히 눈에 들어왔다.

'제 3의 바람, 제 3의 물결, 능력전도, 능력대결, 능력기독교…'

그 중 '제 3의 바람, 제 3의 물결'이란 책을 먼저 집어들고 읽기 시작했다. 2박 3일 동안 예닐곱 권의 책을 모두 다 읽었다. 모든 내용에 다 동의가 되지는 않았지만 한 가지 질문이 마음에서 떠나지 않았다.

"당신은 신학자입니까? 목사입니까? 선교사입니까? 교사입니까? 가정의 리더입니까? 성경의 25%는 초자연적인 능력에 관한 기사로 가득 차있습니다. 당신이 이 부분의 말씀을 읽을 때 어떤 마음으로 읽는지 정직하고 진실하게 대답해 보십시오."

다른 책을 읽을 때도 이 질문은 계속해서 마음 속을 맴돌았다. 돌아보니 나는 초자연적인 사건들을 애써 외면하거나 지나간 과거 이야기로 치부하거나 구렁이 담 넘어가듯이 슬며시 넘기고 있었다. 1991년 12월 27일 낮, 성탄절부터 계속 읽던 책들을 모두 읽은 후 중대한 결심을 했다.

"하나님, 저 글을 쓴 이들도 선교사로, 신학자로, 모두 공부할 만큼 한 사람들인데 그들이 하는 이야기가 제가 배운 신학과는 거리가 멀기는 하지만 무조건 무시하고 살 수는 없습니다. 오늘부터 2년 동안 하루 세 시간씩 어떤 기후에도 상관하지 않고 집중해서 기도하겠습니다. 그 이후에 제가 배운 신학과 저들이 쓴 글에 대해 판단하겠습니다."

1991년 12월 27일 저녁부터 소위 삼각산이라 부르는 곳에서 2년 동안 매일 하루에 세 시간씩 기도하는 생활이 시작되었다. 눈이 와서 온 산이 얼음덩이가 된 곳을 찾아 올라가서 기도하기 시작했다. 지금은 이 세상을 떠난 (故)최병철 목사, (故)심인태 목사와 더불어 날마다 산에 올라가 기도했다. 헵시바 제자훈련원을 이끌고 있었기 때문에 시간 사용에 자유로웠던 점이 이를 가능하게 했다.

방언을 하게 되다

산 기도를 시작하면서 기도, 은사, 성령세례, 방언, 치유, 능력복음 등과 관련된 책을 약 300권에서 400권 가량을 읽었다. 그 책들 중에는 방언에 대한 글들이 많았다. 단음으로 나오는 방언은 연습으로 받을 수 있다는 글도 있었다. 이런 글들을 읽고 난 후 나는 한 가지 다짐을 했다.

'나는 라라라, 룰룰룰, 난난난 이런 방언은 절대 안 한다.'

그런데 어느 날 갑자기 기도하던 중 예기치 못하게 내 입에서 방언이 터져 나오기 시작했다.

"라라라라~"

나는 나의 모든 의지를 동원해서 전에 다짐했던 바와 같이 그것을 멈추었다. 어떤 책에서 방언은 의지대로 안 된다고 했는데 나는 내 의지대로 되었다. 1992년 3월 말에 한라산 중턱의 한라산 기도원을 찾았다. 은사가 깊은 이제윤 목사와 같이 동행했다.

"이 목사님, 요즘 계속 제 입에서 제가 알지 못하는 무슨 말이 계속 맴돕니다."

"그래요? 한 번 해 보세요." 나는 내가 전혀 알 수 없는 말인데 생각나는 대로 말했다.

"어, 그건 방언인데요, 지금 통역이 되요."

나는 내 마음 속에서 솟아나는 생각이 방언인 줄 몰라서 사용하지 않았다. 계속 또박 또박 한국말로 3개월 동안 기도했었다. 방언이 확인된 후부터는 기도생활이 쉬워졌다. 몇 시간 방언으로 기도해도 지루한 줄 몰랐다. 시간이 금방금방 지나갔다. 다만 한 가지 아쉬운 점은 무슨 말인지 몰라서 답답했다는 것이다.

다시 찾은 한라산 기도원

그로부터 2개월 후 이번에는 유인선 목사[현 애린교회 담임목사]와 이용태 목사당시 왜관성결교회 담임목사와 함께 다시 한라산 기도원을 찾았다. 두 목사님은 두란노서원 1기 목회자 제자훈련을 수료한 후 몇 년 더 제자훈련을 받고 싶다고 자원한 이들이었다. 내가 두란노서원을 퇴사하자 제주도에 월요저녁 제자훈련, 화요일에 YWCA 주최 성경공부 강좌를 마련하여 나를 초청했다. 나는 매주 이 모임을 위해서 제주도로 내려갔다. 화요일 성경공부가 끝나는 시간에 맞춰 두 분 목사님이 내려오셨고, 우리는 한라산 기도원에서 함께 기도하기로 했다.

첫 날, 저녁 식사 후 기도하기 위해 성전으로 올라갔다. 나는 강대상 맨 앞 쪽에 자리를 잡았고, 두 목사님은 5m 떨어진 뒤 쪽에 좌우로 앉아 기도하기 시작했다. 나는 2개월 전에 하게 된 '라라라'가 아닌 유창한 방언으로 기도하기 시작했다. 그런데 잠시 후 이상한 일이 일어났다. 성전 맨 뒤쪽에서 여성 음색의 기도소리가 들렸다. '성전 안에는 분명히 남자 세 사람 밖에 없는데 어떻게 여자가 기도하는 소리가 들리지?' 나는 의아해서 뒤를 돌아보았다. 그런데 뒤를 돌아보려고 하는 순간 기도 소리가 끊겨 들리지 않았다. 나는 마음을 가다듬고 다시 방언으로 기도하기 시작했다. 그런데 또 다시 뒤에서 어느 여성의 기도 소리가 들리는 게 아닌가. 나는 기도를 중단하고 뒤를 돌아보았다. 그러자 소리가 또 멈추었다. 정말 이상한 일이었다.

이전에 방언으로 기도하면 가끔씩 눈물이 날 때가 있었다. 그런데 한라산 기도원에서 방언으로 기도할 때는 눈물이 펑펑 쏟아졌

유인선 목사님과 함께 한라산에서
(오른쪽에서 두 번째)

다. 과장해서 말하면 아마도 한 양동이는 흘렸을 것이다. 내가 말하는 방언의 내용이 무엇인지 마음으로 들어보려고 애를 썼다. 정확하지는 않지만 내가 한국 교회와 세계 교회 목회자들을 위해서 기도하고 있다는 느낌이 들었다. 새벽까지 기도하고 방으로 내려와 두 목사님께 물었다.

"아까 성전 뒤쪽에서 여성 음색의 기도 소리가 들리던데 두 분도 들으셨어요?"

"네? 저희는 못 들었는데요, 목사님."

나는 그때의 사건을 이렇게 생각해 보았다. 내가 방언으로 한국과 세계 교회 목회자들을 위해서 기도할 때 하나님이 천사를 보내어 중보기도하게 하신 것이라는…. 나는 아직도 그때의 사건을 정확하게 이해하지 못하고 있다.

기도하면서 겪은 여러가지 일들

1992년 가을이었다. 나는 몸에서 한 가지 이상한 증상을 발견했다. 내가 감기에 걸리지 않고 있었던 것이다. 해마다 10월쯤부터 시작된 감기는 다음해 5~6월이 지날 때까지 기침 증상을 동반하여 나를 힘들게 했다. 경상북도 의성 단밀면에서는 이 기침을 '홍진기침'이라고 불렀다. 이 기침을 시작하면 일단 입안이 다 헐고 시간이 지나면 아랫배에서부터 기침이 올라와 온 창자가 아팠다. 그런데 10월이 넘어가는데도 감기를 앓지 않았다. 겨울 내내 감기에 걸리지 않았고 기침도 하지 않았다. 1993년도 동일했다. 나는 그 이후 2002년 말까지 만 10년 동안 단 한 번도 감기를 앓지 않는 은혜를 누렸다. 2002년 후 부터는 몸이 약해졌는지, 그때 받은 은혜가 반감되었는지 요즘은 한 번씩 감기를 앓는다. 그러나 1991년 이전에 앓았던 홍진기침은 여전히 하지 않는다.

    기도를 한 후 몇 개월이 지나자 몸에서 두 가지 반응이 일어났다. 한 가지는 물파스를 바른 것처럼 싸한 느낌이 몸 한 쪽에서 일어나기 시작하면 온 몸으로 퍼져 나갔다. 한 밤중에 올라가서 새벽 두세 시에 내려와 잠을 자면 이내 새벽기도 시간이 되었다. 새벽기도 시간이 되면 매일 새벽에 온 몸이 싸해졌다. 나는 누워서 잘 수가 없어서 또 일어나 앉아서 기도했다. 아내가 나를 이상하게 생각하기 시작했다. 처음 산 기도를 갈 때부터 아내가 동행한 것이 아니라서 내 몸에 일어나는 반응에 대해 알 수도 이해할 수도 없으니 잠 못 이루는 내가 이상해 보였을 터였다. 어느 날 용기를 내어 두 손을 아내 몸에 얹고 기도했다.

"하나님 아버지! 제 몸에서 일어나고 있는 반응 그대로 아내 몸에서 일어나게 해 주옵소서!"

나는 두 손을 아내 가슴과 목에 얹고 기도했다. 잠시 후 아내는 내게 말했다.

"아! 당신이 어떤 경험을 하고 있는지 이제 알겠어요."

나를 위해 중보기도하는 몇몇 성도님들이 있는데, 그들이 기도를 시작하면 내 몸에서 그 반응이 일어나기 시작하고 그 성도님이 기도를 그치면 그 반응도 멈췄다. 그래서 누군가가 나를 위해 기도하기 시작하면 거의 즉각적으로 알 수 있었다. 이 현상은 지금도 여전히 지속되고 있다.

다른 한 가지는 산 기도를 시작하고 약 6개월쯤 되었을 때, 어떤 사람을 만나면 그 사람의 상태를 그대로 느낄 수 있게 된 것이다. 내가 읽은 책 속에서는 그것을 '체휼'이라고 불렀다. 목이 아픈 사람을 만나면 내 목이 아팠고 식은땀이 흐르는 사람을 만나면 내 몸에 식은땀이 흘렀다. 당시 홍성교회 대학부를 지도하고 있었는데 교회 정책에 따라 강북삼성병원에 주일 오후 병원 예배를 신설하게 되었고, 그 예배를 대학부가 맡았다. 나는 자연스럽게 예배 인도자가 되었다. 처음에는 복음전도의 현장이라고 생각해서 참 좋게 여겼으나 한 주 예배를 인도한 후부터는 그곳을 생각하면 마음이 불편했다.

바로 사람들이 '체휼'이라 부르는 은사 때문에 병원에 입원한 환자들의 통증을 내 몸이 대부분 느끼게 되었고 보호자들 조차도 모르는 환자의 아직 드러나지 않은 신체의 아픔도 내가 먼저 몸으로 느끼게 되니 한시라도 빨리 그곳을 벗어나고 싶은 마음 뿐이었다. 은사를 꼭 그렇게 느껴야만 하는가에 대한 의문을 갖게 되었는데, 얼마 후 그 의문이 사라지게 되었다.

반달 모양의 칼이 보이다

어느 날 평소 알고 지내는 집사님 한 분과 그의 장모님 되시는 권사님을 모시고 삼각산에 올라갔다. 그런데 권사님이 갑자기 "목사님이 절 위해서 기도해주시면 나을 것 같아요."라고 말했다.

"그러세요, 그럼 기도해 드려야죠."

"목사님, 저는 밥을 한 숟가락만 먹어도 겔포스 한 봉지를 먹어야 소화가 돼요. 우리나라에서 제일 큰 교회 목사님께 일곱 번이

나 기도를 받았는데도 안 나아요."

'그런 분에게 기도를 받아도 안 낫는데 내게 기도해 달라니….' 부담이 되었지만 그분이 내게 부탁하신 것이니 마음을 편하게 먹었다. 기도하기 위해 권사님을 주시하는데 가슴에 반달 모양의 칼이 보였다. 전에는 이런 환상을 본 적이 없었다.

"권사님, 가슴에 반달 모양의 칼이 있네요. 누군가를 죽이고 싶으세요? 누가 권사님 마음에 이렇게 한이 맺히게 했어요?" 사실 이 말은 내가 했다기 보다는 그냥 입에서 툭 터져 나온 말이었다. 내 말을 들은 권사님은 대성통곡했다.

"목사님, 저와 함께 살던 아들 부부가 처음에는 저를 잘 섬겨 주더니 제 명의로 된 아파트를 자꾸 이전해 달라고 해서 어차피 상속해 줄 것, 아들 부부가 원하는 대로 빨리 해 주자고 결정했어요. 그런데 아파트 명의를 받자마자 저를 집에서 쫓아냈답니다."

나는 치유를 위해 짧게 기도했다. 다음날 다시 그 권사님을 만나게 되었는데 나를 보고 매우 반가워하며 인사를 건네셨다.

"목사님, 제가 오늘 밥을 먹은 후 겔포스를 한 포도 먹지 않았어요. 소화가 너무 잘되요!"

사실 나는 한 것이 아무것도 없었다. 하나님이 그분의 응어리진 마음 속을 반달 모양의 칼로 내게 보여주신 것 뿐이었다. 그리고 하나님은 칼의 의미가 누군가를 죽이고 싶을 만큼 미워하는 감정에서 나온 것임을 쉽게 깨닫게 하셨다. 누구에게도 털어놓을 수 없었던 마음 속 비밀을 하나님의 초자연적 은혜 앞에서 울분을 다 토하고 나니 저절로 치료가 된 것이다.

기도해 주면 방언이 터지다

교회를 다니는 성도들 중에 의외로 방언을 받고 싶어 하는 사람들이 많다는 것을 알게 되었다. 어떤 여 성도 한 명이 자신은 방언을 받기 위해서 몇 년을 기도했는데도 하나님께서 아직 주시지 않으셨다고 했다.

"그래요? 누워보세요." 나는 그분의 명치에 손을 대고 싶다는 생각이 들어서 살짝 손을 얹었다. 그 즉시로 그분의 입에서 유창한 방언이 터져 나왔다. 나는 이 일로 사람들 사이에서 순식간에 아주 능력이 많은 목사가 되어버렸다. 이후에도 방언을 받고 싶어 하는 성도들을 위해서 기도하면 방언이 샘 솟듯 터져 나왔다. 나는 갑자기 방언 터뜨리는데 일가견이 있는 목사가 되었다.

사람들이 보기에는 그렇게 보였지만 실상은 그렇지 않았다. 방언이 나오는 것을 본 사람들이 그렇게 말한 것 뿐이었다. 내가 기도했을 때 방언을 받지 못한 사람도 많았다. 나는 하나의 도구일 뿐이지 내가 방언을 주고 안 줄 수 있는 근원이 아니란 것을 분명히 알고 있었다. 방언의 근원은 하나님이시다. 주고 안 주고는 그분이 결정하신다. 하지만 한 가지 분명한 사실은 깊은 회개에 들어가 탄식하며 애통하고 사모하는 자들에게서 방언이 잘 나왔다는 것이다.

어떤 말을 들어도 곱씹지 않게 되다

나는 나에게 일어난 어떤 특정 사건이나, 어떤 사람의 말과 글에 민감한 반응을 보이는 사람이었다. 민감한 반응은 많은 스트레스를 불러 오고 그 스트레스는 정신적 불안과 불면을 가져다 준다. 나는 삼각산에서 기도하기 전에는 깊은 숙면을 취하지 못했고 어떤 말을 들으면 계속 그 말을 여러 날, 여러 주 동안 곱씹었다. 생각하고 또 생각했다. 그 결과는 심리적으로 불안하고 초조하며 의심하는 습관으로 나타났다. 한 예로, 대학교에 다닐 때 야학에서 한문을 가르친 적이 있었다. 그때 다른 대학교에 다니는 한 여학생이 나에게 편지를 써 보냈다. 나는 그 편지를 일주일 동안 분석하며 읽었다. 한 문장을 보고 어떤 의미로 표현했을까? 어떤 마음으로 이 문장을 썼을까? 심각하게 고민하고 또 고민했다. 나는 정말 문제가 많은 사람이었다. 그런데 삼각산에서 기도하기 시작한 어느 날부터 그 민감함이 사라졌다. 이전 같았으면 몇 날 며칠을 고민했을 일들에 별다른 반응을 보이지 않게 되었고 아무 일도 없었던 것처럼 넘어갈 수 있게 되었다.

삼각산에서 기도를 시작할 때 홍성교회 대학부를 지도하고 있었다.

홍성교회 대학부 수련회 모습

담임목사님은 내가 기도한다는 사실을 알았고, 거의 대부분의 대학부 리더들이 나와 함께 주일에 삼각산에 올라간다는 것을 알고는 부정적인 반응을 보였다. 기도하기 전 같았으면 크게 고민했을 것이다. 그러나 나는 담임목사님의 반응에 의연하게 대처하고 있었다. 내가 읽었던 책들 중에서 십 여 권의 책을 사서 목사님께 드리며, "목사님께서 이 책을 읽어보시고 '이 영적 운동을 받아들일 수 없다'라고 하시면 제가 사직하고 교회를 떠나겠습니다."라고 말했다. 물론 헵시바 제자훈련원을 이끌고 있었고 기독교선교 횃불회관에서 강의를 하고 있었으니 당장 교회를 그만두어도 생활하는데 부담이 없어서 보인 반응일 수도 있었다. 그러나 또 다르게 생각하면 기도하기 전에는 작은 일, 가벼운 말에도 이와 같은 반응을 보이지 않았었다.

교회에 문제가 되다

나는 주일 저녁에도 어김없이 산 기도를 갔다. 하나님과 2년 동안 약속을 했기 때문에 이유를 불문하고 갔다. 대학부 간사들 세 명 중에 두 명이 내가 기도한다는 것을 알고 함께 가도 되겠느냐고 요청해 왔다. 별 생각 없이 동행을 허락했다. 두 명의 간사는 산 기도를 좋게 느꼈는지 대학부 4학년 리더들에게도 기도할 것을 권유했다.

한두 달 지나면서 15~16명의 학생들이 나와 함께 삼각산에 오르는 기도파가 되었다. 그리고 이 소식은 온 교회에 알려졌다. 나를 따라 함께 기도하러 간 학생들이 집으로 돌아가 부모님께 이야기를 했고 학생들의 부모님은 과거의 은혜 받았던 시절이 떠올라 나를 찾아왔다. "목사님, 저희도 기도 좀 해주세요."

홍성교회는 당시 담임목사님이 부임하기 전에 부흥사이신 목사님이 목회했던 교회였다. 나는 별 생각 없이 교회 어르신들의 요청에 그분들과 함께 교제하며 기도도 해드렸다. 하지만 나의 이런 모습은 담임목사님께는 꽤나 언짢은 일이었고 담임목사님은 '이런 것을 받아들일 수 없다'고 했다. 부교역자 경험이 짧았던 나는 교회의 생리를 잘 모르고 있었다. 담임목사님의 말을 들은 후 그달 말로 교회를 사임했다. 1992년 6월 말이었다. 나는 헵시바 제자훈련 사역에 더욱 집중하면서 나이가 더 들기 전에 유학을 다녀와야겠다고 생각했다.

처음 겪은 양신역사

내가 대학부를 사임한다는 소식이 알려지자 부장집사님과 대학부 간사들이 마지막 고별집회를 해 달라고 요청해왔다. 60여명이 삼각산에 올라가 마지막 집회를 가졌다. 그동안 나의 사역을 함께 돕던 이들(간사들과 리더들)은 삼각산에서 기도하기 시작하면서 방언을 받았고 이들의 수는 약 15~16명이었다. 그런데 대학부를 사임하고 인도하는 마지막 집회에는 67명이 참여했다. 나는 찬송가 몇 곡을 찬양하고 방언의 유익함에 대해 이야기한 후 모두가 죄를 회개하며 기도할 것을 요청했다. 그러면 먼저 방언을 받은 사람들이 기도해 줄 것이라고 설명했다.

몇 시간이 흘렀다. 초여름이었지만 날은 금새 캄캄해져 여기저기에 불을 밝히고 집회를 이어갔다. 약 64명이 방언을 받았는데 두 세 명이 받지 못하고 있었다. 이제 모든 학생들이 그들을 위해 방언으로 집중 포화를 퍼붓기 시작했다. 그 중에 한 여학생이 갑자기 방언을 하기 시작했다. 모두가 좋아하며 할렐루야를 외쳤다. 그런데 다른 한 쪽에서, 하나님께서 목사님에게 주시는 메시지가 있다면서 나를 찾았다. 그곳으로 갔더니 한 남학생이 "하나님께서 미아리 어느 곳에 나의 사역을 위해서 건물을 예비해 두셨다면서 가라고 말씀하신다."고 했다. 내가 그 학생에게 "정확한 주소를 알려달라고 다시 기도해보라."고 말했다. 그런데 이번에는 마지막에 방언을 한 여학생이 나를 찾는다고 했다. 그 여학생도 조금 전 남학생과 비슷한 이야기를 했다.

나는 400여 권의 영성 관련 책을 읽었고 어떤 한국 사람이 쓴 글에서 양신역사에 대한 이야기를 읽기는 했지만 이것이 양신역사인 줄은 몰랐다. 두 사람 뿐만 아니라 자매 간사 중에서도 한 명이 똑같은 예언을 했다. 총 세 명이 동일한 행동을 보였다. 나는 사태를 어떻게 수습해야 할지 난감하기만 했다. 절제하도록 요청한 후, 세 명에게는 더 깊이 하나님께 질문하며 기도할 것을 부탁하고 집회를 마무리했다.

다음날 아침, 전화기에 불이 날 만큼 전화가 걸려왔다. 바로 그 세 명이 불안에 떨고 있다는 것이었다. 나는 그 교회를 사직한 시점이기에 내가 관여할 문제가 못 되었으나, 어제 저녁 함께 기도하며 일어난 일이니 내가 해결해야 겠다고 생각했다. 나는 영적 깊이가 있는 이제윤 목사님에게 연락한 후 세 명 중 먼저 자매 간사를 데려갔다. 이 목사님은 그 자매에게 하던 대로 한 번 해보라고 요청했다. 이 목사님은 그 자매가 방언하고 통역하는 것을 듣더니 앙신 역사라고 하며 그 자매를 자리에 눕게 하고 목을 잡고 몇 마디 축사를 했다. 그리고 자매에게 다시 방언을 해보라고 했다. 자매는 방언은 하는데 지난번처럼 통역은 하지 못했다. 잠시 후 이 목사님은 내게 이렇게 말했다.

"정 목사님의 사역 길을 막기 위해서 사탄이 역사한 것입니다. 큰일 날 뻔 하셨어요."

체험과 신학의 충돌로 갈등하다

나는 대구신학교 2년 6개월, 총신대학교 신학대학원에서 3년의 신학 수업을 받았다. 그리고 보수주의 교회에서 설교를 들었고 제자훈련으로 성장했고 리더의 자리에 섰다. 목사 안수를 받고 2년이 지난 시점에서 기도하기 시작했다. 내가 배운 신학에서 이단이라고 정죄하거나 신비주의적이라며 배제했던 가르침들이 기도하는 삶 속에서 하나씩 하나씩 경험되어 갔다. 대부분의 경험은 성경이 절대 진리임을 뒷받침해 주었다. 간혹 성경에 전혀 없는 경험이 일어날 때는 참으로 혼란스러웠다.

성경이 절대 진리임을 깨닫게 된 경험 중 한 가지를 나누고 싶다. 성경은 보혜사 성령이 오시면 예수님께서 가르치셨던 말씀을 가르쳐주시고 생각나게도 해 주신다고 기록하고 있다(요 14:26). 그런데 내가 알지 못하던 말씀들이 설교할 때나 강의할 때, 기도할 때 정말 생각이 났다. 그 뿐만 아니라 기도하고 앉아 있는데 말씀이 저절로 생각나고 그것이 무슨 뜻인지 마음속에 풀어졌다. 어느 날 기도 중에 갑자기 마음 속에 다음의 말씀이 떠올랐다.

"우리가 알거니와 하나님을 사랑하는 자 곧 그의 뜻대로 부르심을 입은 자들에게는 모든 것이 합력하여 선을 이루느니라.(롬 8:28)"

그리고 마음속에 질문이 이어졌다. "이 말씀이 무슨 뜻인지 이해가 되는가?" 늘 생각해왔던 대로 대답했다.

"어떤 일들이 뒤섞여도 결과적으로 주님 안에서 합력하여 선을 이룬다는 뜻입니다." 그런데 또 다른 질문이 떠올랐다.

"네게 생각, 감정, 의지가 있지?"

"네, 있지요."

그런데 갑자기, "나에게도 있다."는 음성이 들렸다.

"네가 너의 생각대로 하고 싶을 때 너의 생각을 포기하고 내(하나님) 생각을 받아들이고, 네가 너의 감정대로 반응하고 싶을 때 너의 감정을 포기하고 내 감정을 받아들이고, 네가 너의 의지대로 하고 싶을 때 너의 의지를 포기하고 나의 의지를 받아들이는 것이 합력하는 것이다. 그런데 만일, 너의 생각, 너의 감정, 너의 의지를 포기하지 않아 실패했다가 다시 회복하게 된 것도 합력하여 선을 이룬 것이다." 영감은 계속 이어졌다.

"그러나, 아들아! 네가 생각해야 할 것이 있다. 만약 실패한 후에 '천부여 의지 없어서 손들고 옵니다'라고 하는 것도 합력하여 선을 이루는 것이지만 거기엔 너무나 많은 아픔과 고통이 따른다는 것을 꼭 기억하거라."

나는 마음속에서 솟아나는 이 영감들을 듣고 있다가 통곡하고 말았다. 왜냐하면 내가 살아온 인생길이 마지막에 성령께서 말씀하신 그대로 걸어왔기 때문이었다. 그 후로 나는 내 생각, 감정, 의지가 주님의 뜻과 일치하는지 분별하려고 노력하게 되었다.

이런 갈등은 은혜로웠다. 그러나 체험과 신학의 충돌은 은사에서 나타났다. 오순절 성령강림 사건을 단회적 역사로 배웠는데 현재 내게 일어나고 있었고 방언의 은사도 끝났다고 배웠는데 나는 방언을 하게 되었다. 성령의 음성을 듣는 것은 불가능한 일인데 가끔씩 성령의 음성을 들었다. 체험과 신학적 배움 사이의 괴리감 때문에 날마다 한숨이 터져 나왔다. 2년 동안 이 갈등은 계속되었다.

갈등이 계속 되던 어느 날 결단을 내렸다.

"하나님! 제가 배운 모든 신학적 지식을 내려놓겠습니다. 그리고 남들이 뭐라고 이야기할 때 제가 시도해서 경험해 보지 않고는 절대 판단하지 않겠습니다."

지금도 이 약속을 하나님 앞에서 실천하고 있다. 어떤 사람이 누구를 이단이라고 비난해도 내가 체험해 보기 전에는 그들을 이단이라고 말하지 않는다.

chapter 7

교회를 개척하다

1991년 12월 27일부터 기도하기 시작했는데, 기도를 시작한 후 정확히 6개월 만에(1992년 6월) 또 다른 일이 나를 기다리고 있었다. 당시 삼각산에 함께 기도하러 다녔던 몇 명의 목사님들이 계셨다. 그 중에 한 분은 성도들 몇 명을 함께 데려오셨다. 그 중에 한 성도 부부가 내게 교회를 개척하자고 제안했다. 그때 나는 지도하던 대학부를 사직하고 영국으로의 유학을 준비하고 있었다. 존 스토트 John Stott 목사님이 생존해 계실 때 '런던바이블 칼리지'에 가서 2년 동안 성경만 연구하다가 오고 싶어서였다. 헵시바 제자훈련원 신구약 성경공부에 참여하며 후원하는 분들은 기꺼이 나의 공부를 후원하면서 기다리겠다고 했다. 또 제주도에 사는 한 자매도 후원하겠다고 했다. 그런 상황에서 교회 개척 제안이 들어왔고, 그 부부는 나를 데리고 오산 시청에 들러 그들 소유의 땅이 있음을 확인시켜주고는 이렇게 말했다.

"이 땅을 팔아서 건물을 짓겠습니다. 목사님이 필요한 만큼 쓰시고 나머지 것으로 제가 사업을 하겠습니다."

나는 그 제안을 받고 약 1개월 반 정도를 응답받기 위해 기도에 전념하는 시간을 가졌다.

기도 응답을 받다

1992년 8월 15일, 그날은 폭포수같이 비가 쏟아졌다. 나는 공휴일임에도 저녁 식사 후에 기도 응답을 받기 위해서 삼각산으로 향했다. 런던바이블 칼리지에서 입학 허가서가 오기를 기다리면서도 개척 교회를 해야 하는지 말아야 하는지 쉬지 않고 기도했다. 그런데 교회 개척 제안을 받기 얼마 전, 두란노서원에서 훈련을 받았던 목사님 한 분이 내게 또 다른 제안을 한 일이 있었다.

"정 목사님, 제가 두란노서원에 와서 배워보니 정 목사님 같은 분이 목회를 했으면 좋겠어요. 그래서 본이 되는 교회를 세웠으면 좋겠어요. 제가 교회를 개척해서 약 200여명 모이는데 이제 나이도 들고 탈진한 상태니 정 목사님이 이어받아서 해주세요. 정 목사님이 하시겠다면 바로 결정하겠습니다."

나는 목회에 정말 관심이 없었고 달란트도 없다고 말하며 제안을 거부했다. '그 일이 바로 얼마 전이었는데 교회 개척을 위해서 기도를 하고 있다니…'

"교회를 개척하는 것이 하나님의 뜻입니까? 안 하는 것이 하나님의 뜻입니까? 하나님이 직접 알려주시길 원합니다."

이 한 가지 기도제목을 놓고 몇 시간 째 기도하고 있었다. 사실 나는 그 이전까지 기도응답을 받아 본 적이 없었다. 너무나 자연스럽게 환경이 조성되었고 나는 그 길을 순적하게 누리기만 했던 것이다. 기도응답에 대한 강의는 했지만 기도응답이 필요한 상황이 없었다. 또 누구에게 훈련을 받은 적도 없었다. 그냥 하나님이 기뻐하시는 일이면 하고 그렇지 않으면 안 하면 된다는 식의 결정만 내리곤 했었다.

기도응답을 받아 본 적이 없는 사람이 기도응답을 받겠다고 한 달 반이나 기도했다. 열심히 방언으로 기도 하던 중에 목사님들이 축도를 하는 환상이 보였다. 방언을 멈추고 하나님께 이렇게 질문했다. '하나님, 이 환상이 무슨 의미입니까?' 하나님은 그 질문에 대해 영감을 주셨다.

'네가 교회를 개척하면 내가 축복하겠다.'

이렇게 응답을 받고 1992년 9월 첫 주부터 목동 2단지 아파트에서 교회를 개척하기 시작했다. 개척과 더불어 나는 큰 시련을 맞았다.

전신에 들려온 소리

1992년 3월 어느 날, 평소와 다름없는 하루였다. 밤 늦게까지 산에서 기도를 하다가 새벽에 집으로 내려와 잠을 자고 일어나는 순간, 전신에서 너무나도 명확하게 소리가 들려왔다.

'지금 네가 하고 있는 모든 사역을 잠시 내려놓아라!'

이 소리는 귀로 들렸다기보다 온 몸에서 울려 퍼져 나왔다. '도대체 이게 무슨 일이지? 하나님의 음성인가? 열정적으로 하고 있는 사역을 모두 내려놓으라니, 제대로 들은 걸까?' 온 몸에서 직접 소리가 나서 들렸으니 부인하려야 부인할 수가 없었다. 당시의 나는 영감을 받은 것이나 직접 음성을 들었을 때 반드시 확인하는 작업을 거치는 훈련을 하고 있었다. 받은 영감이나 음성에 대해 다른 사람이 내게 이야기를 들려주거나 책을 읽는데 그것이 책에 기록되어 있을 때 성령이 주신 영감 혹은 음성으로 판단하고 있었다.

나는 아침에 들려온 음성을 듣고 일어나 집에서 리처드 포스터 Richard Foster 목사님의 『Prayer기도』란 책을 읽고 있었다. 그런데 이게 웬일인가. 책을 집어 몇 장을 채 넘기지 않았을 때 한 문장이 눈에 들어왔다.

"나는 내 인생에서 1년간 모든 사역을 내려놓았던 때가 있었다. 때로는 이해가 되지 않지만 그렇게 해야 할 때도 있다."

나는 더 이상 책을 읽지 않고 덮어버렸다. '어떻게 오늘 아침에 일어나면서 들은 이야기인데 식사하고 읽은 첫 책에서 내가 들은 것과 거의 동일한 이야기가 쓰여 있을 수 있는가?' 나는 이미 잡혀진 일정만 사역하고 모든 것을 내려놓기로 결정했다. 하지만 그 일들이 정리되기까지는 6개월이라는 너무 긴 시간이 걸렸다. 그해 8월이 되어서야 마무리가 되었고 그 다음달 목동의 한 아파트에서 가정 교회를 개척했다. 나는 교회 사역 외에는 모든 것을 내려놓았다. 나는 두란노서원에 입사하기 전부터 이미 1년 가까이 내가 감당 할 수 있는 체력 이상으로 무리해서 대구와 서울을 오갔었다. 두란노서원에 정식으로 입사한 후부터는 거의 매일 밤늦게 퇴근했고 퇴근 후에도 산에 올라가 새벽까지 기도한 후 몇 시간만 자고 출근하기를 반복했다. 이와 더불어 수시로 지방에 내려가 강의까지 했다. 두란노서원을 퇴사한 후에도 여전히 헵시바 제자훈련원, 제주도 강의, 목회자 제자훈련 그룹, 개교회 강의 등으로 비행기를 타고 오가며 바쁜 나날을 보냈다.

　　나도 모르는 사이에 내 몸은 한계를 넘었고 병들어가고 있었다. 그러나 나는 내 몸의 상황을 잘 파악하지 못하고 있었다. 주님께서 전신에서 들리는 음성으로 사역을 잠시 중단하라고 하셨을 때 즉시 중단했다면 어떻게 되었을까?

병원에서 듣게 된 충격적인 이야기

1992년 가을학기에 제주도 강의, 기독교선교원 횃불회관 강의 등을 한 학기 중단하겠다고 사정을 설명했다. 포도원교회를 개척하기로 마음 먹으면서 헵시바 제자훈련원은 1992년 8월말로 해체했다. 이유는 훈련원을 1년 동안 후원한 후원자들에게 부담을 주지 않으려는 생각과 그분들을 데리고 교회를 개척했다는 이야기를 듣고 싶지 않았기 때문이었다. 기도하는 일과 교회 개척 후 예배드리는 일 외에는 모든 사역을 중단했다. 그러나 그때는 이미 때가 늦어 있었다. 개척 예배를 드린 후 다음 주일부터 왼쪽 둔부에서부터 대퇴부까지 극심한 고통이 느껴졌다. 병원을 찾아가 진단을 받아 보았더니 CT 촬영 결과 요추 4번과 5번 사이 디스크, 1번과 2번 사이 디스크 진행 중이므로 수술불가 판정을 받았다. 그때서야 6개월 전 아침 전신에서 들린 소리의 이유를 알게 되었다. 단순히 과로 때문에 온 질병이 아니라는 생각이 들었다.

    병원에서 돌아와 모처럼 누워 있는데 갑자기 책 한 권이 눈에 들어왔다. 혜선출판사에서 나온 딕 이스트만의 『생명에 이르는 기도』란 책이었다. 바로 책을 집어들어 읽기 시작했다. 한 장 한 장 넘기는데 한 문장이 굵은 고딕체처럼 선명하게 눈에 들어왔다.

> "비판과 정죄를 잘하는 사람은 교만하기 때문이고 교만한 사람의 내면세계를 파고 들어가 보면 최후에 살인의 영이 있다."

그 문장을 읽는 순간, 내가 당한 질병의 원인이 이것이란 생각이 번개처럼 스쳤다. 그리고 나는 이미 수술불가 판정을 받았으니 수술을 할 수도 없었지만 원인모를 질병을 치료해 주셨던 하나님께서 허리 디스크도 치료해 주실 것이란 믿음이 있었다. 수술할 마음을 아예 처음부터 버렸다. 기도로 치료받겠다고 결심했다.

디스크를 치료받다

나는 하나님 앞에서 교만했던 지난날들을 돌아보며 회개했다. 내가 허리 디스크로 고생한다는 이야기가 입소문을 타고 퍼져 나갔다. 이야기를 전해 들은 분들이 여러 가지 치료책을 보내주셨다. 어떤 분들은 치료약까지 보내주셨다. 그 중 한 분은 자신이 아는 물리치료사를 나에게 소개시켜 주었다. 그분은 모든 사역을 내려놓고 쉬고 있는 때여서 재정이 넉넉하지 않을거란 점까지 생각하여 치료비를 내지 않도록 배려해 주셨다. 개척 멤버였던 서광용 집사가 나를 녹번동에서 구의동까지 차로 데리고 다녔다. 기도와 치료를 병행한 결과 대퇴부와 넓적다리의 고통이 조금씩 잦아들었다. 일어서서 다닐 정도가 되었다. 하지만 무리하면 금방 통증이 재발되었다. 계속 기도에 매달렸고 가끔씩 물리치료를 받았다. 6개월이 지나자 활동하기에 불편하지 않을 정도가 되었다. 기도와 물리치료 외에 정말 아무것도 하지 않았다. 나는 후일에 아무런 대가 없이 나를 치료해 준 물리치료사 집사님께 너무 감사해서 어머니가 농사 지은 쌀 두 가마니를 선물했다. 그리고 다시 사역이 이어졌다.

창립 예배를 드리다

목동 아파트는 교회를 개척하자고 제안한 집사님의 살림집이었다.

나와 아내, 개척 제안을 했던 집사님 부부, 싱글 자매 한 명, 이렇게 다섯 명이서 첫 예배를 드렸다. 오전 11시에 예배를 드리고 점심 식사 후 오후 2시부터 네이게이토 제자훈련을 철저하게 진행했다. 두란노서원에서 목회자 제자훈련을 6개월 인도했던 과정을 따라 훈련했다. 내가 개척했다는 소식을 듣고 두란노서원에서 훈련을 받았거나 신구약 성경공부에 참석했던 목회자 두 가정이 배우고 싶다며 참여했다. 목회자 세 가정에 성도 두 가정이 되었다. 얼마 후 두 명의 청년이 합류했다. 이내 목사 지망생 청년이 또 한 명 합류했다. 그렇게 1년 동안 훈련하면서 25명 정도의 성도들이 모이게 되었다.

집 거실에서 모이는 것이 비좁기도 했고 마음껏 기도하고 찬양할 수도 없었기에 건물을 얻기 위한 40일 릴레이 금식기도를 시작했다. 38일째 되는 날 건물 두 개를 보러 갔다. 하나는 아파트 상가, 다른 하나는 예배를 드리는 아파트 건너편 상가건물 지하였다. 전자는 너무 작았는데 후자는 실 평수가 96평으로 넓어서 마음에 들었다. 상가건물 지하는 보증금 3,500만원에 월 임대료가 177만원이었다. 보증금은 특별헌금을 해서 마련하기로 했다. 월세는 교회에서 부담할 수 있을 때까지 각 가정이 월정 헌금을 작정하기로 했다. 약 한 달간의 공사를 마치고 1993년 12월 9일, 포도원교회 창립 예배를 드렸다.

포도원교회 창립 감사 예배

독특한 이유로 등록한 성도

교회에 간판도 달고 하니 한 두 명씩 교회를 찾는 사람들이 생겼다. 그러나 등록하는 사람은 거의 없었다. 당시 포도원교회에 속한 성도들은 목회자를 따라서 직장에 다니는 모든 사람도 하루에 적게는 두 시간 이상 기도했다. 순복음교회에 다니던 어떤 성도는 한번 와 보고 열심히 기도하는 성도들을 보고 의아해 하며 더 이상 출석하지 않았다. 그런데 1994년 새해, 한 부부가 교회를 찾아와 예배를 드리고 돌아갔다. 그러나 다음주일부터 약 3개월 정도는 다시 오지 않았다. 그런데 약 3개월 후에 다시 우리 교회를 찾은 그 부부가 예배 후 바로 집으로 돌아가지 않고 점심식사 자리에 동석했다.

"목사님, 교회에 등록하고 싶습니다."

"등록하시려는 이유가 있습니까?"

"네, 목사님. 저희 남편이 가장 큰 순복음교회에 7년을 출석하는 동안 예배 시간에 졸지 않은 적이 단 한번도 없었습니다. 저희가 약 3개월 전에 왔다 간 것 기억하고 계시죠? 목동으로 이사 와서 찾은 첫 교회 예배였습니다. 그리고 다시 오지 않은 3개월 동안 목동에 있는 규모가 있는 모든 교회를 찾아가 예배를 드렸는데 남편은 그 모든 교회에서 졸았습니다. 그런데 3개월 전에 포도원교회에 왔을 때 남편이 졸지 않았던 것을 기억하고 다시 온 거예요. 오늘도 남편이 예배를 드리며 졸지 않았습니다. 남편을 살리는 길은 이 교회 뿐이라는 생각이 들어서 등록하려고요."

부부는 등록카드와 함께 백만 원을 감사헌금으로 냈다.

이마가 돌판이 되어 말씀이 새겨지다

교회 개척을 제안했던 집사 부부는 땅을 팔아서 건물을 짓겠다는 약속을 계속 미루었다. 그것은 참을 수가 있었다. 교회를 개척하고 약 5개월이 지나면서 회집 인원이 50명 가까이 되었다. 그런데 한 번에 십여 명씩 한 번도 아니고 두 번이나 성도들이 무리를 지어 떠나는 일이 발생했다. 원인을 알고 보니 교회 개척을 제안한 부부 중

남편 집사 때문임을 알게 되었다. 그가 자꾸만 다른 성도들에게 상처를 주고 시험에 들게 해 떠나게 된 것이었다. 그 가정은 매달 십일조을 70만원씩 내고 월세를 위한 헌금도 매달 50만원씩 감당하고 있었다. 나는 고민에 잠겼다. 기도하는 것이 아니라 생각에 집중하다 보니 분노가 치밀어 올랐다. 참을 수 없을 정도가 되어 한바탕 할 심산으로 남편 집사님을 교회로 불렀다. 기다리면서 교회 맨 앞자리에 앉아서 기도하고 있는데 잠시 후 뒷문이 열리는 소리가 들렸다. 나는 그 집사님을 향해 직설적으로 "당장 이 교회를 떠나세요!"라고 소리치려고 결심하고 있었다. 그런데 자리에서 일어나 그를 향해 돌아서는 순간 그의 이마가 갑자기 돌판으로 바뀌더니 말씀이 한 글자 한 글자 또박또박 새겨지는 모습이 보였다.

"유순한 대답은 분노를 쉬게 하여도 과격한 말은 노를 격동하느니라 (잠 15:1)"

그 말씀이 그의 이마에 새겨지는 것을 보는 순간 목까지 치밀어 올랐던 분노가 눈 녹듯이 사라져 버렸다. 화를 내지도 않고 소리도 치지 않고 조용히 권면만 하고 끝냈다. 그 가정은 처음 개척을 시작할 때 참여했던 싱글과 친하게 지냈는데 그 두 가정이 조용히 교회를 떠났다. 교회를 개척한지 6개월 만에 일어난 일이었다.

    이 사건으로 아주 중요한 깨달음을 얻었다. 모세가 십계명을 받았을 때 하나님께서 손가락으로 돌판에 십계명을 새기셨다는 것을 생생하게 이해하게 되었고 말씀이 진리라는 것을 더욱 확신하게 되었다. 그러나 다른 문제가 생겼다. 두 가정이 교회를 떠남으로 십일조 85만원, 감사헌금 20만원, 월세 작정헌금 70만원, 총 180만원 정도의 수입이 줄어들었다. '교회를 계속 운영할 수 있을까?'란 생각이 들었다. 개척교회에서 재정 180만원은 아주 큰 비중을 차지한다. 다른 방법이 도무지 생각나지 않았다. 나는 하나님께 기도만 하기로 작정했다. 그 누구에게도 도움을 요청하지 않고 하나님만 의지하기로 결심하고 기도만 했다.

초자연적인 재정 공급

나는 이때까지 하나님께서 직접 재정을 공급하시는 경험을 해 본 적이 없었다. 어떤 이들이 초자연적인 하나님의 재정 공급을 이야기할 때도 그냥 흘려듣고 말았다.

'당장 다음 달 월세를 낼 수 있을까? 만약 교회를 닫게 되면 공부하려던 계획을 실천해야지…'

얼마 지나지 않아 햇불선교원에서 강의를 듣던 어떤 여전도사님이 나를 만나고 싶어 한다고 연락이 왔다. 그런데 이게 웬 일인가. 만나보니 전도사님이 기도하는 가운에 하나님께서 '정동진 목사를 도우라'고 감동을 주셨다고 했다.

"정 목사님, 재정이 얼마나 필요하세요?" 나는 교회의 사정을 설명했다. 내 이야기를 듣고 전도사님은 단번에 550만원을 헌금해 주셨다. 갑자기 부자가 된 느낌이었다. 그런데 여기서 그치지 않았다. 바로 다음 달에는 생면부지의 한 사람에게서 250만원의 헌금이 송금되어 왔다.

엘리야가 까마귀로부터 공급을 받았던 은혜의 역사가 이렇게 두 달 동안 연속해서 내게도 일어났다. 그 달부터 만 12개월 동안 하나님께서 한 달에 두 번도 아닌 꼭 한 번만, 적게는 150만원에서 많게는 550만원까지 공급해 주셨다. 그리고 다음 해에도 역사는 계속 되었다. 공급처가 달라졌을 뿐이었다. 교회의 성도들이 매달 한 번씩 특별 헌금을 했다. 처음 한 두 번은 그럴 수 있다고 생각했다. 그런데 이것이 1995년 말까지 지속되었다.

교회를 창립한지 2년이 지나고 3년째 되던 1996년부터는 재정이 독립되었다. 사실 50명 정도 되는 교회 규모에서 적게는 매달 800만원에서 많게는 1,200만원까지 헌금이 모인다는 것은 어려운 일이었다. 나중에 알고 보니 어떤 자매는 십일조가 아니라, 십의 칠조를 헌금 했었다.

하나님은 살아 계셨다. 사람을 의지하지 않고 하나님만 의지하겠다고 결단하고 하나님 앞에만 앉아 있었더니 이때부터 지금까지도 여전히 재정을 공급하시는 하나님을 개인적으로, 교회적으로 만나게 되었다.

교회를 위해 많은 헌신을 하였던 형제·자매들과 함께 (왼쪽에서 다섯 번째)

한 아이 어머니와의 대화

어느 날 전화 한 통이 교회로 걸려왔다. 수화기 넘어로 한 여성의 목소리가 들렸다.

"저, 포도원 교회 목사님이시죠?"

"네, 그런데요. 실례지만 누구시죠?"

"혹시 OOO 어린이를 아시나요?"

"네, 압니다. 저희 교회에 출석하고 있지요."

"제가 그 아이의 엄마입니다."

"아, 그러세요! 그런데 어머님 무슨 일이 있으신가요?"

"아니에요 목사님, 그냥 아이가 다니는 교회가 어떤지 궁금해서 전화 드렸습니다."

"그러시면 시간되실 때 교회에 한 번 오세요."

며칠이 지나 그 아이의 어머니는 교회 문을 두드리고 들어왔다. 이런 저런 이야기를 주고받다가 갑자기 '저 아주머니 귀에서 소리가 난다'는 생각이 들었다. 처음 겪는 현상이었다. 종전에는 마음속에서 감동이 온다든지, 음성이 들린다든지 했는데 저절로 생각이 든 경험은 처음이었다. 나는 조심스럽게 물었다.

"어머님, 혹시 귀에서 '윙'하고 소리가 들리시지 않나요?" 그분은 크게 놀라는 듯했다.

"네, 맞아요. 어떻게 그걸…."

"어머님, 저도 처음 경험하는 것인데 아마도 하나님께서 어머님을 치료하시려고 제게 알려주시나 봐요."

이렇게 하나님께서 알려주시지 않으면 알 수 없는 정보들을 알게 된 것은 바로 '지식의 말씀의 은사(고전 12:8)'가 발휘되었기 때문이었다. 지식의 말씀의 은사는 과거부터 현재까지 존재하는 모든 정보를 하나님께서 초자연적인 방법으로 때에 따라 알려 주시는 성령의 아홉가지 은사 중 하나이다. 이때 당시에는 이것이 구체적으로 지식의 말씀의 은사라는 것 까지는 알지 못했지만 목회 현장에서 성도들에게 유익을 끼치고 다른 사람의 마음이 하나님께 열리도록 하는데 큰 도움이 되었다.

가정 심방의 고통

나는 심방 가기를 무척이나 꺼려했다. 왜냐하면 방문하는 가정에 따라 정도의 차이가 있었지만 항상 영적으로 받는 공격을 몸으로 감지했기 때문이었다. 어떤 집의 경우는 심방을 가면 머리가 깨지는 것처럼 아팠고 어떤 집에서는 어깨가 짓눌렸고 어떤 집에서는 머리에 무엇인가 덮어 쓴 것 같은 답답함을 느꼈다. 또 어떤 집에서는 온 몸이 짓눌리기도 했다. 사람의 상태에 따라 체휼하는 것은 계속 경험하고 있는 것이라 그러려니 했는데 이것은 도대체 무슨 이유인지 이해가 안 되었다. 집의 환경에 따라 누가 그 집에 사느냐에 따라 내가 경험하는 고통이 달랐다. 그때는 잘 몰랐지만 지금은 그 이유를 알고 있다. 자세한 내용은 뒤에서 다루려고 한다.

포도원 교회 성도들은 이 사실을 모두 알고 있었기 때문에 담임 목사가 심방을 가기로 하면 한 달 씩 집을 위해서 기도하고 또 기도한 후에 목사를 맞았다. 조금이라도 담임 목사가 덜 힘들어 하도록 그렇게 자발적으로 움직여 주었다. 정말 고마운 일이었다.

박수무당 아들과 결혼한 자매

포도원 교회를 개척한 후에 대구 동신교회 후배들 중 자매 네 명이 선배를 돕는다고 서울에 직장을 잡으면서 포도원 교회에 출석하기 시작했다. 그 네 명은 지금 모두 사모가 되었다. 그 중에 배영미 사모의 (두란노서원에서 오랫동안 사역하고, 지금은 LA 온누리교회 담임목사로 있는 이정엽목사의 부인이다.) 동기 자매가 있었다. 그 자매는 경북대학교 캠퍼스 헬퍼를 하던 자매였다. 자매는 졸업반 때 한 불신 남성에게 첫 눈에 반해 믿음도 버리고 결혼을 했다. 그런데 그녀의 남편은 박수무당의 아들이었다. 그 자매는 남편과 자신의 문제로 너무나 무거운 짐을 지고 견디다 못해 친구인 영미 사모에게 정 목사님이 한 번 심방와주셨으면 좋겠다고 부탁을 했다. 나는 일단 대구 동신교회 후배이니 책임감을 느껴 2주 후에 가겠다고 답했다. 2주 후라고 한 것은 하나님께 기도해서 심방의 목적을 응답받고 가겠다는 계산이 깔려 있었다.

'하나님! 저를 잘 아시죠? 저는 처음 만나는 사람과는 말도 잘 못 나눈다는 걸 아시죠? 그런데 더더구나 박수무당 아들이라는데 제가 무슨 이야기를 어떻게 해야 하나요? 주님 무슨 대화를 해야 할지 영감을 주소서!'

어떤 날은 이 문제 때문에 철야를 하기도 했다. 하나님은 묵묵부답이셨다. 말씀 한 구절도 생각나지 않았다. 약속한 날 아침, 나는 아내와 함께 차를 몰고 떠나면서 '하나님, 이제 저는 모르겠습니다. 하나님이 알아서 하세요.'라고 기도했다. 자매의 집에 도착했는데도 여전히 하나님은 아무런 영감도 주지 않으셨다. 후배 자매 부부가 일층까지 내려와 맞아주었다. 계단을 오르면서 '하나님, 이

제 정말 시간 다 되었어요. 저 어떻게 해요?'라고 기도했지만, 하나님은 그때까지도 아무 말씀이 없으셨다. 집안으로 들어섰다. 거실에 무릎을 꿇고 앉아서 묵상기도를 시작했다.

갑자기 '호흡으로 대화를 시작하라!'는 영감이 마음 속에서 들려왔다. 내가 하나님께 다시 질문했다. '하나님, 숨을 쉬지 않는 사람도 있나요?' 그러자 또 다시 마음 속에서 성령께서 답하셨다.

'언제 속 시원하게 숨을 쉬어 본 적이 있느냐고 질문해라.' 나는 기도하다 말고 눈을 뜨고는 그 남편에게 물었다. "언제 한 번 속 시원하게 숨을 쉬어 본 적이 있습니까?" 그의 눈은 놀란 토끼 눈이 되었고 내가 무릎을 꿇고 기도하니 그도 무릎을 꿇고 앉아 있다가 거의 뒤로 쓰러질 지경이 되었다.

"목사님! 제가 고등학교 2학년부터 투포환 같은 것이 명치를 꽉 눌러서 가슴을 펴고 숨을 쉰 적이 없습니다. 지금도 어깨와 허리를 굽히고 조심조심 숨을 쉬고 있습니다."

나는 그의 이야기를 들으면서 속으로, '전능하신 하나님을 찬양합니다. 인간의 생각을 뛰어넘으셔서 그의 사정을 정확하게 아시고 내적 음성을 들려주신 하나님을 찬양합니다.'라고 고백했다. 그의 말은 계속 이어졌다.

"목사님! 제 사타구니 양쪽에서도 달걀 같은 크기의 물체가 잡힙니다. 아랫배에도 있습니다." 나는 어떤 말을 할 필요가 없었다. 그가 먼저 자신의 문제들을 술술 다 말하기 시작했다. 후배 자매는 곁에서 훌쩍훌쩍 울면서 말했다. "목사님! 이제 어떻게 해야 해요?" 나는 이렇게 대답했다. "나에게 내적 음성으로 남편의 사정을 알려주신 분이 하나님이시니, 하나님 앞에 나와야 하지 않겠습니까? 하나님이 알려주셨으니 하나님께서 치료해 주시지 않겠습니까."

그 부부는 곧바로 다음 주일부터 교회에 출석했다. 나는 이 일이 있은 후부터는 어떤 문제에 대해 크게 걱정하지 않게 되었다. 하나님만 의지하면 하나님은 사정과 형편을 아시고 정확하게 알려주시기 때문이었다. 예수님은 세상 속으로 제자들을 파송하시면서 이렇게 말씀하셨다.

> "너희를 넘겨 줄 때에 어떻게 또는 무엇을 말할까 염려하지 말라 그때에 너희에게 할 말을 주시리니 말하는 이는 너희가 아니라 너희 속에서 말씀하시는 이 곧 너희 아버지의 성령이시니라. (마 10:19-20)"

할렐루야! 그리스도인이 이방인에게 넘겨질 때, 관원들에게 넘겨질 때 무엇을 말할까 염려할 필요가 없다. 성령이 내주하시는 성도는 걱정할 필요가 없다. 왜냐하면 주님이 할 말을 주시기 때문이다.

어떤 사업장 이야기

포도원교회로 들어가는 입구의 오른 쪽은 길이고 왼쪽에는 가게가 있었다. 그 가게의 부부 집사는 시내의 한 교회에 출석하고 있었다. 그런데 점점 장사에 몰두하면서 자신이 다니던 교회도 출석하지 않고 바로 밑에 있는 우리 교회에도 출석하지 않았다. 어느 날 교회에서 기도하고 있는데 하나님이 그 가정에 대한 말씀을 주셨다.

'사업보다도 신앙생활을 잘 하도록 권면해라. 어려운 일이 닥쳐오고 있다.' 나는 그 가게 주인과 인사만 하는 사이일 뿐 아무런 소통이 없는 상황이었다. 그런데 갑자기 불쑥 나선다는 것이 조심스러웠다. 그런데 교회 형제 중 한 명이 그 집에 식사를 대 놓고 먹는 것이 떠올랐다. 당장 형제를 불러 기도하는 중에 듣게 된 것을 알려주고 그 부부에게 잘 이야기해 보라고 부탁했다. 형제는 그 부부에게로 가서 여러 가지로 내 이야기를 전했다. 부부는 그 후 몇 주 동안은 교회를 나오더니 또 다시 나오지 않았다.

몇 달이 지났다. 가게 아주머니가 몸이 아파서 병원에 가서 진찰을 받았는데 아무 문제가 없다고 했다. 그런데 몸은 계속 아프고 점점 심해진다는 이야기가 들려왔다. 의사는 어쩔 수 없이 아주머니의 목에서 아랫배까지 전시 절개를 하기로 했다. 진단이 안 되니 최후의 방법으로 결정한 일이었다. 절개해 놓고 보니, 몸이 아픈 원인은 자궁 외 임신으로 밝혀졌다. 아주 유명한 병원에서 진단을 받았는데 자궁 외 임신인 것을 밝혀내지 못했던 것이다. 며칠 후에 보니 가게 주인이 바뀌어 있었다. 부부는 가게를 넘기고 아무런 말도 없이 떠나버렸다.

말씀과 함께하는 하나님의 치유

나의 신앙성장 배경에는 제자훈련이 있었고, 또 계기가 있어 삼각산에서 기도하기 시작했음을 앞에서 밝혔다. 이 과정을 통해서 목회자로서 개인적 목표가 설정되었는데 그것은 '지성과 영성을 겸비한 목회자'였다. 그래서 늘 이렇게 기도했다.

"하나님, 말씀을 선포하는 중에 회복과 치료의 역사가 일어나게 해 주옵소서! 하나님의 말씀이 선포될 때 각양 은사가 나타나게 해 주옵소서!"

우리 교회에 출석하는 성도는 아닌데, 한 시골 할머님이 명절이 되어 서울 딸네 집에 오셨다가 우리 교회에 오셔서 예배를 드리게 되었다. 할머니가 교회를 방문하셨을 때 내가 어떤 말씀을 선포했는지는 잘 기억나지 않는다. 그런데 내가 설교를 마치고 축도를 하자마자 그 할머니가 있던 자리에서 일어나 덩실덩실 춤을 추었다. 옆에 있던 성도들이 무슨 좋은 일이 있느냐고 물었더니 할머니는 방언을 받았다고 대답했다. 성도들은 내게 그 소식을 전했다. 내가 할머니께 물었다.

"할머니, 어떻게 방언을 받으셨어요?"

"나도 몰라요. 갑자기 혀가 꼬이더니만 방언이 나왔어요."

"언제 방언이 나왔어요?"

"목사님이 축도하실 때 나왔어요. 아, 목사님! 지금까지 수십 년 동안 방언 받기를 사모했는데 받지 못하다가, 명절에 딸네 집에

왔다가 횡재해서 고향에 돌아갑니다!"

하나님은 성도의 기도를 기억하셨다가 때와 환경이 되면 역사해 주신다. 나의 계획을 포기하고 내가 정한 때를 버리면 하나님은 하나님의 때에 응답하신다. 할머니가 딸을 따라 딸이 다니던 교회로 갔다면 아마도 방언을 받지 못했을 것이다. 딸의 집에서 제일 가까운 교회라고 방문했다가 평소에 그렇게 갈망하던 방언을 선물로 받은 것이다. 연세가 지긋하신 어르신이 이렇게 어린 아이같이 기뻐하는 모습을 보니 목회자로서 나도 덩달아 마음이 기뻤다.

또 한 번은 노방전도를 하다가 쉰이 넘은 한 자매를 만났다. 그 자매는 자신도 전에 교회 다녔으나 지금은 교회에 나가지 못하는데 그 이유는 무릎 관절염 때문이라고 했다. 관절염이 너무 심해서 도저히 계단을 오르내리지 못한다는 것이었다. 내 아내가 그분에게 우리 교회에 나와 보기를 권유했고 자매님은 우여곡절 끝에 포도원교회에 출석하게 되었다. 그분은 올 때 마다 입에서 빠지지 않는 말 한 마디가 있었다.

"무릎 관절이 너무 아파요. 오늘도 죽을힘을 다해 겨우 내려왔어요. 다시 돌아갈 일이 태산입니다." 그런데 몇 주가 지난 뒤 그 자매의 입에서 아프다는 말이 사라진 것을 알게 되었다.

"어떻게 된 거예요?"

"모르겠어요. 저도 모르는 사이에 다 나았나 봐요."

하나님은 자신의 자녀가 건강하길 원하시는 분이다. 예수님의 사역에 반드시 수반된 항목이 '치유'이다. 마태복음은 특별히 치유를 통해서 예수님께서 메시아이심을 잘 보여준다. 하나님은 이렇게 나의 기도에 응답해주셨다. 말씀이 선포되는 예배 중에 회복과 치유, 각양 은사가 나타나기를 갈망하는 기도에 응답해 주시는 참 좋으신 하나님을 찬양한다.

미니스커트를 입다

나는 청와대 뒷산에서 기도하기 전에 체중이 약 75kg정도 나갔다. 기도할 때 때로는 방언으로 기도했고 때로는 아랫배에 힘을 주고 간절히 부르짖어 기도했다. 기도 기간이 지나면서 체중이 60kg 초반까지 줄었다.

앞에서 언급했던 대구 동신교회 후배 네 명 중 한 자매는 작은 키에 살이 붙어 몸이 통통했다. 그 자매의 소원은 날씬해져서 미니스커트를 한 번 입어보는 것이었다. 나는 "내가 체중이 줄어 날씬해 졌으니, 아마 신혜자매도 나처럼 부르짖어 기도하면 날씬해 질 걸"하고 말했다. 그 자매도 포도원 교회에 온 이상 하루에 최소한 두 시간씩 부르짖어 기도해야 했다. 담임 목사와 사모가 기도하고 있고 온 성도들이 기도하고 있으니 말이다.

신혜 자매는 열심히 부르짖어 기도했다. 6개월이 지나고 1년이 지나면서 신혜 자매는 체중이 점점 줄어들었다. 부르짖어 기도한 지 2년이 못되어 처음 만났을 때의 모습은 온데간데없이 사라져 20대 초반의 날씬한 아가씨가 되었다. 신혜 자매는 마침내 자신의 소원이었던 미니 스커트를 입을 수 있었다.

천상에서 울려 퍼진 노래

나는 앞에서 디스크 발병 이야기를 했었다. 내가 디스크로 병석에 눕자 여러 사람이 여러 가지 치료책을 제시했다. 광장시장에서 포목 장사를 했던 한 자매는 나에게 어떤 기도원을 소개했다. 그 기도원은 천안의 산골짜기에 있었다. 1994년 봄, 내가 처음 그 기도원을 방문했을 때 여자 원장님은 부재중이었고 대신 동생 목사님이 잠시 방문하여 계셨다. 나는 그 분에게 기도를 받았다. 그 기도원은 매주 목요일 집회가 있었는데 집회에 참여하는 모든 사람을 안수해 주었다. 밤 11시쯤에 집회를 시작하면 말씀을 선포하고 '주여'를 천 번 부르짖은 후 자신의 문제를 가지고 기도하고 집회를 마쳤다.

나는 매주 목요일 우리 가족과 교회의 성도들을 데리고 그 기도원 집회에 참석했다. 얼마의 기간이 지났는지 모르겠다. 속옷이 노랗게 물드는 일과 더불어 한 여름에도 몸살을 앓는 증상이 몇 개월 동안 계속되었다.

초겨울 쯤 되어 날씨가 약간 조금 추워진 어느 날, 목요 집회를 갔다 온 후 다음날부터 몸살에 한기까지 들었다. 치아가 서로 부닥치며 '딱, 딱, 딱'하는 소리를 낼 정도였다. 한 겨울 파카를 끄집어 내어 입었지만 별 소용이 없었다. 나는 고민하다가 이렇게 떨고만 있을게 아니라 더 간절히 부르짖어보자고 생각하고 금요일 저녁 교회로 갔다. 몇 시간을 부르짖었다. 한기는 더 심해졌다. 이제는 다리까지 후들후들 떨렸다. 집으로 돌아와 파카를 입은 채로 이불을 덮었지만 한기가 너무 심해서 추위가 가시지 않았다. 아내가 솜이불을 덮고 있는 이불 위에 또 다시 이불을 덮어 주었다. 그렇게 덜덜 떨다가 잠이 들었다.

얼마나 시간이 흘렀는지 모르겠다. 잠이 어렴풋이 깼을 때 몸이 훈훈해 지는 것을 느꼈다. 솜이불을 옆으로 밀쳐냈다. 그 순간 갑자기 하늘에서 노래 소리가 들려왔다.

"성령받으라, 성령받으라, 예수 내게 말씀하셔서…"

내가 알고 있는 찬양이 온 하늘을 덮고 아득히 먼 곳에서부터 내게로 점점 더 가까이 다가왔다. 갑자기 내 눈에서 눈물이 왈칵 쏟아졌다. 나는 "주님, 감사합니다."는 고백을 드렸다. 그 찬양이 얼마간 지속되다가 그쳤다. 나는 일어나서 입었던 파카를 벗고 땀에 젖은 속옷을 갈아입고 이불만 덮고 누웠다. 이 글을 쓰면서 잊었던 그 때가 다시 새록새록 떠오른다. 하나님은 참 좋으신 분이시다. 나는 이런 생각을 해 본다. 그때 내가 한기를 물리치기 위해서 교회를 찾아

부르짖지 않았어도 이 일이 일어났을까?

새 신자가 접붙임 된 이야기

1996년, 개척 3년 만에 재정 자립을 이루었고 회집한 인원도 차츰 증가하기 시작하여 6~7월이 되었을 때는 100명이 출석하게 되었다. 교회 개척 후 서너 번의 큰 요동이 있었는데 그 와중에서도 꿋꿋하게 버틴 형제·자매들이 12~13여명 되었다. 거기에 나중에 합세하기는 했지만 기도하는 장년들도 또 여러 명 있었다.

교회는 담임목사가 모든 것을 혼자 이끌어가서는 안 된다. 출애굽기 18장의 모세는 모든 것을 혼자서 감당하고 있었다. 장인인 제사장 이드로가 그 모습을 계속 지켜본 후 사위에게 물었다.

"자네, 무엇을 하고 있는가?"

모세는 백성들을 재판한다고 대답했다. 그런데 이드로는 기다렸다는 듯이, "그렇게 하면 자네도 죽고 백성들도 죽네. 그러니 교육과 훈련을 시킨 후에 십부장, 오십부장, 백부장, 천부장을 세우게. 그들이 감당할 수 있는 일을 맡겨 처리하도록 하게. 하나님께 물어보고 하나님이 허락하시면 그렇게 하게나."라고 말했다. 모세는 이드로의 권면을 받아들여 재판 편제를 세웠고 이는 후에 이스라엘 백성들의 군사 편제에도 적용되었다.

하나님은 성도 각 사람에게 각양의 은사를 주셨다. 담임 목사는 성도가 그 은사들을 계발해서 활용하고 실천할 수 있는 장을 만들어 주어야 한다. 포도원 교회에는 청년, 장년 기도그룹이 있었다. 새로운 사람이 오면 담임 목사가 그들을 직접 훈련시키지 않았다. 청년은 청년들이, 남자이면 남자 그룹이, 장년이면 장년들이, 여자이면 여자그룹이 새 신자를 담당했다. 그들은 하나님의 살아 계심을 전하고 성령이 역사하시면 은사가 나타난다고 설명해 주었다. 은사 중에서도 사도행전을 중심으로 기도와 말씀이 선포될 때 방언의 은사가 나타난 장면들을 설명하면서 새신자와 함께 기도했다. 얼마간 기도하면 새신자는 등록 며칠 만에 방언을 받았고, 교회에 빠르게 적응해갔다.

새신자 중에 정착하지 못하고 떨어져 나가는 성도는 거의 없었다. 이렇게 새신자를 맞이할 영적 준비가 되자 1996년 1월에 40~50명 출석하던 성도들이 6월에 들어서면서 100명이 출석하는 교회로 성장하였다. 그릇을 준비해 놓지 않으면 새신자가 와도 접붙임이 안 된다. 그렇게 되면 한 쪽 문으로는 들어오고 한 쪽 문으로는 나가버릴 수 밖에 없다.

2010년에 안식년을 맞아 미국의 다양한 교회들을 탐방한 적이 있다. 캘리포니아주 노스리지Northridge에는 교회 본당보다도 더 큰 체육관을 가진 교회가 있다. 그 교회는 새신자가 오면 바로 교회로 인도하지 않고 체육관으로 데려가 그의 주 종목을 탐색한 후 그룹에 편성시켜 끈끈한 운동 동지를 만든 후에야 교회에 출석하게 했다. 전략이 무엇이든, 일단 관계가 형성되고 교제가 이루어질 장이 먼저 준비되어 있어야 수용이 가능하다. 포도원 교회는 '기도'라는 전략을 통해 급성장을 이루었다.

chapter 8

미국으로 유학을 떠나다

미국 유학 시절의 나

외국 유학은 대구신학교 시절(1978-1980)부터 가졌던 소망이었다. 1992년 6월말, 홍성교회 교육목사를 사임하면서 런던바이블 칼리지로 공부하러 가야겠다는 생각을 했었다. 제주도에 계시는 집사님 한 분이 후원하겠다고 약속도 했다. 그러나 아직 작정기도 기간이 1년여 남아 있었고 한 집사님 부부로부터 개척 제안을 받고 한 달 반가량 기도하여 응답받은 후 교회를 개척했기 때문에 유학 준비는 조금씩 뒤로 미뤄지고 있었다.

    1995년 어느 봄날, 제주도에 사는 어느 집사님에게서 전화가 걸려왔다.

"목사님, 미국 풀러신학교에서 이번에 특별 세미나를 개최하네요. 다녀오세요."

그해 5월말, 풀러신학교에서 열린 특별 세미나에서 찰스 반 엥겐 Charles Van Engen 박사님의 강의를 듣게 되었다. 그는 자신이 성경과 필드를 접목시키는 연구를 하고 있다면서 한 가지 예를 들어 설명해 주기 위해 물었다. "코너스톤 cornerstone이 무엇을 의미하는지 아십니까?" 나는 당연히 한국식으로 주춧돌을 연상하며  답했다. 그런데 찰스 박사님은 코너스톤은 그런 의미가 아니라고 했다. 1세기 건축양식에서 코너스톤은 출입구 문에 존재하는 것으로서 좌우양쪽에서 돌들을 쌓아 올려 그 정중앙에서 돌과 돌을 이어주는 돌이라고 설명해 주었다. (당시에 내가 배운 내용은 이러하나 이스라엘 문화에서의 모퉁이 돌은 고인돌 혹은 집 전체를 떠받치고 있는 돌을 의미한다. 모퉁이 돌 없이는 집 자체가 존재할 수 없다.)

그분의 강의를 한 주간 들은 후 그분 밑에서 더 공부하고 싶다는 마음이 생겼다. 마침 풀러신학교 한국트랙이 생겨서 돌아오자마자 입학해 공부하다가 1996년 10월 초에 온 가족이 미국으로 떠나게 되었다. 하나님은 포도원 교회 개척 만 4년 후에 유학의 길로 인도하셨다. 나는 포도원 교회 개척으로 크게 두 가지를 배웠다. 그 동안은 중대형 규모의 교회조직에서만 신앙생활을 해왔기 때문에 조직을 통해 역사하신 하나님을 만났다면, 포도원 교회 개척을 통해서는 개별적인 하나님을 만날 수 있었다. 다른 한 가지는 하나님은 특별한 방법으로 재정을 공급하신다는 것을 배웠다.

유학생활의 후원자

미국에는 특별한 연고가 없었고 평소에 알고 지내던 목사님 한 분이 다였다. 집을 구하기 전까지 그분이 시무하시는 교회 게스트룸에 머물렀다. 월요일 한국에서 출발하여 미국에 도착하니 여전히 월요일이었다. 월요일 저녁부터 집을 구하러 다녔다. 사실 유학자금은 전혀 없는 상황이었다. 서울에서 살던 집의 보증금이 전 재산이었다. 그 상황을 아셨던 목사님은 자신이 담임하던 교회의 금요 저녁집회를 내게 부탁하셨다. 집회 날 목사님은 성도들에게 나를 이렇게 소개했다. "한국에서 지난 월요일, 풀러신학교로 공부하러 오셨습니다. 많이 기도해 주시고 잘 섬겨주세요."

토요일 아침, 게스트룸으로 전화 한 통이 걸려왔다. 자신을 박용자 집사라고 소개하면서 뜻밖의 얘기를 들려주었다.

"목사님, 어제 저녁에 저희 교회 목사님이 소개하실 때 공부하러 오셨다고 들었습니다. 저희 가족이 이민을 오면서 하나님께 약속드린 것이 한 가지 있었습니다. 일자리를 주셔서 수입이 생기면 십일조는 교회에 드리고 또 다른 십일조는 모아서 선교사님이나 공부하러 온 유학생을 후원하겠다고 약속하고 지금까지 지켜왔습니다. 지난달에 후원하던 유학생이 공부를 마치고 귀국했습니다. 후원자를 위해 기도하던 중인데 목사님 가정이 오셨습니다. 저희 가정에서 목사님을 후원해도 되겠는지요?"

'하나님, 이렇게 예비해 두고 계셨군요.' 나는 포도원 교회를 통해서 하나님이 특별하게 재정을 공급하시는 분임을 믿고 유학길에 오른 터였다. 하나님은 아주 정확하게 모든 것을 준비하고 계셨다. 여호와 이레!

박용자 집사님 가정은 그날부터 매학기 등록금, 월 생활비, 특별하게 들어가는 모든 재정을 후원해 주셨다.

내 공부 과정에 대해서

나는 한국에서 공부할 때 학기제로만 했었다. 풀러신학교는 학기제도 있었지만 인텐시브 코스(집중과정)로도 운영하고 있었다. 학점은 4, 6, 12학점까지 있었다. 인텐시브 코스의 강의를 들으려면 과목을 수강하기 전에 필독서를 완독해야 했다. 4학점은 2,000페이지 분량의 책을 읽고 보고서를 제출하면 수강할 자격을 주었다. 강의를 수강한 후에 다시 소논문을 써서 제출하면 학점이 나왔다. 6학점은 3,000페이지, 12학점은 6,000페이지에 달하는 책을 수강 전에 먼저 읽어야 했다.

한국에서 신대원 과정을 공부할 때 처음 들어보는 강좌를 사전 지식도 없이 들어갔다가 고생한 적이 여러 번 있었다. 강좌를 듣기 전에 정해진 필독서를 읽고 수업에 참여하니 훨씬 이해도가 빨랐다. 그리고 강의 후 소논문을 작성하며 강의 내용을 현장에서 어떻게 접목해야 할 것인지도 깨닫는 아주 유익한 기회가 되었다. 나는 목회학 박사 과정에 입학해 공부했고 정해진 학점을 모두 이수했다. 이제 논문을 쓰는 것만 남아 있었다.

평점 4.0만점에 3.80이상이면 학술 논문을 쓸 수 있는 자격을 주었다. 영어로 쓸 수 있었고 한국어로 쓸 수도 있었다. 나는 평균 평점 3.81을 받았다. 학술 논문을 쓸 수 있는 자격을 가까스로 얻었다. 나는 학술논문을 쓸까 현장 적용논문을 쓸까 고민하다가 후자를 선택했다. 목회학 박사 학위이기 때문에 현장에 적용하는 논문이 좋겠다는 생각이었다. 영어 실력이 논문을 쓸 수준이 아니어서 한글로 쓰기로 했다. "Biblical Principles for Educational Ministry And Church Growth(성경적 원리에 입각한 교육목회와 교회성장)"란 제목으로 논문을 썼다. 논문을 제출하고 1999년 12월 말 한국으로 돌아왔고 수정 보완해서 2001년 6월에 학위를 수여받았다.

이민목회를 하게 되다

1995년 6월 풀러신학교 한국트랙에서 공부를 시작해서 1996년 10

월 초에 미국으로 건너가 1997년 여름 강좌까지 40학점의 수업활동을 마쳤다. 남은 것은 논문을 쓰는 일이었다. 그때 산 호세San Jose에 200여명이 모이다가 성도 여덟 명이 남은 교회가 있는데, 목회하면서 논문을 쓰는 것이 어떻겠느냐는 제안이 들어왔다. 온 가족이 산호세 교회를 방문했다. 나도 마음에 들어야 했지만 그곳에 남은 성도 여덟 명도 교역자가 자신에게 소망을 줄 수 있어야 한다는 생각에서 이뤄진 일이었다. 그런데 막상 그곳에 도착해서 보니 교회의 상황은 생각보다 더 열악했다.

한 중국인 교회가 잠시 휴교 중인 초등학교를 빌려 사용하고 있었는데 그 중 교실 두 칸을 빌려서 예배를 드리는 상황이었다. 교회 이름은 '할렐루야 선교교회Hallelujah Mission Church'였다. 서글프기 짝이 없어 보였다. 한국의 교회들을 생각하면 정말 볼품없는 시설이었다. 그런데 7명의 성도가 우리 가족을 적극적으로 원했다.

좋은 환경에서 살게 하신 하나님

풀러신학교 공부를 위해서 LA에 도착하여 집을 구할 때 일단 사정을 잘 몰라서 한인 타운 안에 있는 아파트를 구했다. 큰 딸은 ESLEnglish as a Second Language과정이 있는 학교가 있어 그 학교에 다녔으나 작은 딸은 이중 언어를 할 수 있는 선생님이 계시는 학교에 입학했다. 작은 딸이 학교에 갔다 와서는 늘 "선생님이 무슨 말을 하는지 모르겠다."고 했다. 알고 보니 한국어를 하시는 선생님이 한국어로 가르치시기는 하시는데 중요한 단어는 모두 영어로 말씀하시는 것이었다. 이렇게 두면 아이들의 영어실력이 이도저도 안 될 것 같아 몇 개월 후 한국 사람이 없는 버뱅크Burbank로 이사를 갔다. 이사해 간 아파트의 길 이름이 산호세San Jose였다. 풀러신학교 수업활동을 마치고 할렐루야 선교교회에서 이민목회를 하며 논문을 쓰기로 결정하고 보니 이번에는 거리 이름만이 아닌 실리콘 밸리에서 가장 큰 도시인 '진짜 산호세San Jose'로 이사를 가게 되었다. 하나님의 인도하심이 내가 살던 길 이름 속에 들어 있었던 것이 아닌가 하는 생각이 들었다.

    목회할 교회의 집사님 한분이 집 몇 군데를 미리 알아 본 후 나와 아내가 최종적으로 집을 확정하기 위해서 산호세로 올라갔다. 집사님의 이야기를 들어보니 쿠퍼티노Cupertino(산호세 안에 쿠퍼티노가 있다.)에 아파트가 아닌, 앞뒤로 마당이 넓은 단독 수택이 모인 지역이 있고 집사님이 봐둔 집의 주인은 미국 사람이라고 했다. 집사님이 집주인과의 대화중에 목사님이 이사 올 집을 구한다고 했더니 그 말을 들은 집주인이 자신도 그리스도인이라면서 이전에 받던 월세를 올리지 않고 동결해서 받겠다고 했다는 소식을 전해 주었다. 한 달 월세가 1,600달러(한화로 약 170만원)였다. 주변 시세에 따르면 최소한 2,000~2,200달러 정도는 주어야 할 집을 1,600달러에 살게 되었다. 한국처럼 전세든 월세든 매년 올리는 것은 미국도 마찬가지인데 그는 우리 가정이 그 집에 사는 동안 임대료를 올리지 않겠으니 평안히 살라고 했다. 집주인은 정말로 우리가 그 집에서 살았던 2년여 동안 단 한번도 월세를 올리지 않았다. 우리는 너무 감사해서 그 주인에게 성탄절이 되면 한국 공예품을 선물했다. 나중에 안 일이었지만 집주인은 다른 나라 공예품을 수집하는 것에 취미를 가진 사람이었다. 우리 가정이 성탄절 선물로 한국 공예품을 선물했으니 아주 딱 맞는 선물이었다. 이렇게 산호세에서 2년여 동안 환경적으로 정말 좋은 곳에서 지냈다.

나쁜 교회 이미지

LA로 돌아와 집을 정리하고 10월 첫 주에 할렐루야 선교교회의 담임목사로 부임했다. 나는 교회에 남아 있던 자료들을 면밀히 살펴보았다. 교회가 침몰하게 된 원인은 섣부른 '예언' 때문이었다. 교회에 출석하던 한 자매 성도의 남편이 암 판정을 받고 마지막 인생을 정리하고 있었는데 당시 담임 목사님이 '치료되어 회복될 것이다.' 라고 예언을 했다. 그런데 그 성도의 남편이 죽고 말았다. 동일한 내용의 사건이 한 번 더 일어났다. 교회가 흔들리며 술렁이고 있는 상황에서 담임 목사님은 토요일 새벽 기도회 찬양대인 '동틀무렵 찬양대'를 하나님께서 해체하라고 하신다고 선포했다. 교회는 순식간에 더욱 혼란스러워 졌고 결국 공중분해 되었던 것이었다.

나는 이러한 속사정을 전혀 모르고 교회로 부임했다. 부임하고 매주 토요일마다 교인들과 함께 한국 마켓으로 전도를 하러 나갔다.

"어느 교회에서 오셨어요?"

"네, 할렐루야 선교교회에서 나왔습니다."

"그 교회에 OOO집사 아직도 있어요?"

"네, 계십니다. 왜 그분을 물어보시나요?"

나중에 안 일이었지만 교회를 떠나지 않고 있던 여덟 명의 교인들 대부분은 남아 있던 재정 10만불을 관리하기 위해 있던 사람들이었다. 불신으로 이미지가 굳어진 교회를 세워 간다는 것은 정말 어려운 일이었다.

초자연적인 교회 이전

중국인 교회의 초등학교 교실 두 칸을 빌린 열악한 환경에서 예배를 드리고 있으니 전도하기가 어려웠다. 한국 사람들은 좋은 예배처소에서 예배드리는 것에 익숙한데 초라한 교실, 인테리어도 전혀 안 된 교실에서의 예배는 나부터 적응이 쉽지 않았다. 그래서 몇명 안 되는 성도들이 교회 이전을 위해서 기도하기 시작했다. 산호세에 있는 미국인 나사렛 교회 Nazarene Church 몇 곳을 방문했다. 미국은 소수 민족이 이민교회를 시작할 때 미국인 교회를 빌려 오후에 모이는 것이 보통이다. 오후에 예배를 드리지 않고 있는 몇몇 교회를 파악해서 방문했다. 나는 교회 얻는 일을 하면서 아주 중요한 사실 한 가지를 배웠다.

1990년에 들어와서 나사렛 교단은 이민교회들 중에 어떤 나라 교회가 성장하게 될 것인가를 연구해 놓았음을 알게 되었다. 교회를 방문해서 그 교회 목사님과 대화를 나누면 자신들은 중국인 교회나 베트남 교회에게 대여를 해 줄 것이라고 했다. 처음에는 그러려니 했으나 몇 교회에서 한국 이민교회에 호의적이지 않은 것을 느끼고 왜 한국 이민교회에는 잘 안 빌려주느냐고 물어보았을 정도였다.

교단 정책 연구팀들의 연구한 결과 교단 지도부는 한국 이민교회는 이미 사양길에 접어들었기에 가급적이면 중국인교회나 베트남교회 등과 교류하는 것이 좋겠다는 공지를 각 지교회에 하달했기 때문인 사실을 나중에 알게 된 것이 1998년 여름 경이다. 한국교회 각 교단이 자기 교단이 정체상태이거나 퇴락의 길을 걷고 있다는 것을 전혀 감지 못한 상황인 1990년에 접어들 무렵 한국도 아닌 미국 땅에서 그것도 장로 교단도 아닌 나사렛 교단에서 이미 그 연구를 완료해 놓고 이민교회들 중 어떤 나라 출신 이민교회와 교류할 것인가까지 정보를 각 지교회에 내려 보냈다는 것에 적지 않게 놀랐다.

그래서 나사렛 교단에 속한 교회들은 포기하고 오후에 이민교회가 예배를 드리지 않는 교회들의 리스트를 뽑았다. 국제오순절

교단에 속한 산호세 국제오순절교회에 약속을 하고 찾아갔다. 사정 이야기를 설명하고 교회를 빌리고 싶다는 의사를 전했다. 그 교회 본당은 체육관 형태로 지어서 예배를 드렸고, 교육관은 2층으로 규모도 아주 크고 예쁜 모습을 하고 있었다. 담임목사님 사모님이 하나님과 친밀하게 교제하는 분이셨다. 우리는 담임목사님의 안내로 우리가 사용할 수 있는 본당과 교육관을 돌아보았다. 담임목사님은 교회의 위원회에서 기도하고 결정할 것이라고 알려주었다. 우리는 좋은 소식이 오기를 기도하며 기다렸다. 놀라운 소식이 날아왔다. "장년 예배는 1시30분부터 500석 규모의 본당에서 드리세요. 새벽 기도회는 교육관 2층 00호실에서 드리시면 됩니다. 주일학교는 교육관 2층 00호실에서 예배를 드리세요." 산호세 국제오순절교회가 우리에게 전해준 소식은 그것이 끝이 아니었다.

"하나님께서 교회를 빌려주는 대가로 어떤 임대료도 받지 말라고 하셨습니다. 자유롭게 마음껏 사용하십시오." 담임목사님 사모님께서 하나님께 응답받은 사실을 교회 위원회에 알렸고 그들 또한 기도하며 그것을 확인한 후 우리에게 알려주었다. 당시만 해도 이민교회가 미국교회를 빌려서 예배를 드리려면 매달 최소한 2,000달러(약 220만원) 가까이 임대료를 내야 했는데 하나님께서 무상으로 교회를 사용하게끔 하셨다. 우리는 너무 감사해서 자발적으로 미국인들이 드리는 예배에 참석해 감사헌금을 드리고는 했다.

술을 팔고 싶지 않습니다

교회든 일반 사회든 한 집단 안에는 착하고 선한 사람이 있게 마련이다. 내가 부임해간 산호세 할렐루야 선교교회에는 세 부부와 한 명의 형제, 한 명의 자매, 총 8명이 남아 있었다. 이분들 대부분은 남아 있던 재정 10만 불을 잘 관리해야 한다는 생각을 하고 있었던 것으로 보였다. 그 중에 이씨 성을 가진 집사 부부가 있었다. 그분들은 리쿠어liquor store(한국의 편의점 격)를 하고 계셨다. 리쿠어에는 포르노 집지도 팔아야 했고 술도 팔아야 했다. 그것 없이 과자와 일용품을 팔아서는 먹고 살기가 어려웠다. 그래서 이집사님 내외분도 그것들을 팔고 있었다.

처음에는 양심에 큰 거리낌이 없었다. 매 주일 말씀을 나누고 제자훈련으로 성도를 양육했다. 나는 제자훈련의 목표를 '그리스도인의 삶은 할 수만 있으면 말씀과 일치해야한다.'고 제시했다. 계속되는 제자훈련에 그분들 양심에 포르노 잡지와 술을 파는 것에 대한 부담이 점점 무거워졌다. 어느 날, 심방을 갔을 때 이집사님 부부는 먹고 살기 위해서 리쿠어를 운영했는데 훈련을 받으면서 마음에 거리낌 생겼다며 다른 사업을 할 수 있도록 기도해 달라고 부탁해왔다.

나는 제자훈련 반에서 이집사님 부부의 기도제목을 공개하고 함께 기도하자고 요청했다. 이런 기도를 해보지 않았던 사람들인지라 처음에는 의아한 생각을 하는 것 같았다. 그러나 남편 이집사는 세탁소 운영을 생각하면서 틈틈이 주변 세탁소에 가서 일을 해주며 기술을 배웠다. 자신의 마음의 결정을 실제 행동으로 옮길 준비를 하고 있었다. 이것이 진짜 믿음이다. 믿음은 하늘에서 곶감이 떨어지기를 마냥 기다리는 것이 아니다. 자신의 믿음을 실천에 옮기는 것이 살아 있는 믿음이다.

하나님께서 놀랍게 인도해주셨다. 20만달러(2억 가량) 정도는 있어야 시작할 수 있는 세탁소를 불과 몇 만 달러에 시작할 수 있는 환경을 만들어 주셨다. 하나님은 그리스도인 자신이 아니라 하나님의 진리를 밝히 드러내고자 고심하며 기도하는 자신의 자녀의 기도를 들으시고 그렇게 인도하셨다. 이 불가능한 일이 현실로 나타나자 교회의 분위기와 이미지는 조금씩 변해갔고 주변 한국 교민사회에서도 교회에 대한 소문이 조금씩 변하는 것이 감지되었다.

교회 이미지가 바뀌며

원래 남아 있던 여덟 명의 성도에 자녀 3명을 합한 11명의 성도에 우리 가족 4명까지 15명, 자녀들을 위해서 청소년 지도자 한 명을 초빙했기에 총 16명이 모여서 예배드리고 제자훈련을 하며 신앙생활을 했다. 논문을 쓰는 것이 나의 첫째 목표인데 점점 목회가 큰 비중을 차지해 가게 되었다.

내가 산호제 어떤 교회로 부임해 왔다는 소식이 시애틀Seattle에 있던 세 명의 자매, 한 명의 형제에게까지 전해졌다. 나는 두란노서원에서 근무하며 '일대일 제자양육 성경공부' 세미나에서 계속 가르쳤었다. 이로 인해 나를 아는 목회자들이 점점 늘어갔다. 나를 아는 어떤 목회자가 이들에게 나의 소식을 전했고, 그들은 전화로 나와 몇 차례 대화를 나눴다. 그들은 제자훈련을 받기로 결단하고 자신들이 다니던 학교를 옮겨 산호제로 내려왔고 간호사인 처제가 미국으로 들어오면서 합류했다. 교회는 5명이 늘어나 21명이 되었다.

교회를 이전하면서 하나님의 특별한 섭리가 나타났고, 이집사의 리쿠어가 정리되면서 초자연적 은혜로 새로운 사업이 시작되자 교회의 이미지에 약간의 변화가 일어났다. 그러면서 할렐루야 선교교회를 떠났던 두 가정인 7명이 돌아왔다. 거기에 한국에서 이

교인들과 함께 레이크 타호에서
(첫 째 줄 오른쪽에서 두 번째)

사 온 한 가정 3명이 새롭게 합류했다. 성도는 어느새 30명으로 늘어났다. 거기에 우리 딸의 몇몇 친구들이 출석하게 되었고 얼마 지나지 않아 교회를 떠났던 또 다른 한 가정 4명이 합류했다. 성도는 40여명으로 늘어났고 성장의 동력이 갖춰지기 시작했다.

1999년 6월 새벽 2시에 한 통의 전화를 받았다. 제주도에 계신 박창건 목사님의 전화였다. 자신이 안식년을 제주도에서 보내고 있었는데 한 교회에서 청빙을 받았다며 내가 제주도로 오면 자신도 그 교회 청빙을 허락하겠다고 했다. 그때 지지부진하던 나의 논문도 약간의 속도를 내고 있었다. 나는 미국으로 들어오면서 한국으로 돌아갈 계획을 세우지 않았었으나 이것이 계기가 되어 한국으로 귀국할 생각을 하게 되었다.

chapter 9

전통과 정통 사이에서

미국에서 공부하고 논문을 쓰는 3년 3개월 동안 기도에 집중했던 삶을 이어나갈 수가 없었다. 처음에는 어떻게 해서든지 해보려고 애를 썼지만 되지 않았다. 그렇다고 집에서 큰 소리로 기도하자니 이웃집에서 고소할지도 모른다는 생각에 작은 소리로 기도하다 보니 기도가 중단되고 말았다. 1999년 12월 31일, 한국으로 돌아왔지만 여전히 종전의 기도생활을 회복하려는 열정도 의지도 일어나지 않았다.

귀국하면서 바로 제주도로 들어가 '열매맺는 교회'를 개척했다. 2001년 가을부터 개혁신학 연구원에서 "가정교회 이론과 실제", "셀 그룹Cell Group 이론과 실제", "교육목회와 교회성장" 등을 강의했다. 월요일이면 비행기를 타고 서울로 올라와 수요일 오전까지 강의하고 오후에 다시 제주도로 돌아가 주일까지 교회를 시무했다. 만 3년 동안 이 생활을 반복했다.

개혁신학 연구원에서 강의하다

제주도에서 열매맺는교회를 개척한 후 떠나게 되었을 때 성도 수는 약 40~50명 정도였다. 나는 아무래도 교회 사역만으로는 만족할 수가 없었다. 내게 가르치는 은사가 있어서 그런 것인지, 하나님께서 내게 주신 지도자 그룹에 대한 사명감 때문인지는 잘 모르겠다. 나는 개혁신학 연구원 학기가 끝날 때마다 학생들에게서 방학 기간 중에 특별 성경과외, 특별 설교훈련을 시켜달라고 요청을 받곤 했다. 사실 학교에 구약학자, 신약학자가 있기 때문에 실천신학을 가르치는 내가 성경을 가르치는 것은 어떻게 보면 월권이었다. 그런데 학생들이 내게 성경을 가르쳐 달라고 요청해왔다. 한번은 제자들에게 성경을 가르쳐 달라고 하는 이유를 물었다. 그들의 대답은 한결 같았다.

"교수님은 성경의 전체 흐름을 꿰고 있는 분 같아요. 어떤 성경을 가르치셔도 성경 전체를 이해하고 말씀하시는 것 같았어요."

대부분의 전도사들은 앞으로 목회를 할 사람들이다. 그런데 신학에 입각해서 가르치는 성경이 얼마나 유익할까? 설교학 교수님이 따로 계시는데 내게 설교 세미나를 해달란다. 왜 또 내게 설교 세미나를 해달라고 하느냐 물었다.

"목사님, 지금까지 저희는 설교학에서 3대지 설교만 배웠어요. 저희는 깊이 있는 강해설교와 포스트 모더니즘 사회에 맞는 이야기식 설교를 가르쳐 주실 분이 필요해요."

분명히 방학이 시작되었는데 나는 방학을 방학답게 보낸 기억이 없다.

원남교회로의 부임

2002년 여름 방학 때 세 명의 개혁신학 연구원 제자들이 제주도를 방문하겠다고 연락이 왔다. 나는 방학이 되었으니 여행을 하러 오는 줄로만 알고 있었다. 그런데 그들은 아주 심각한 이야기를 꺼냈다. 제주도를 방문한 세 명 중 한 명의 아버지께서 목사님이셨다. 아버지 목사님은 개혁총회에서 상당한 위치에 있었다. 개혁총회는 광주에 광신대학교를 두고 있었다. 그러나 서울 중부권에서는 교육부 인가를 받은 신학대학원 대학교가 없었다. 그래서 서울 중부권 노회에서 D대학원 대학교를 인수하는 작업을 하고 있었고, 2003년 3월에 개교할 예정이라는 것이었다.

세 명의 전도사들은 그 학교에 나를 실천신학 책임 교수로 추천했고 약속을 받았다고 했다. 제주도 사역을 정리하고 서울로 이사할 준비를 하면 어떻겠냐고 했다. 나는 목회 달란트보다는 가르치는 달란트가 뛰어났기에 좋은 계획이라고 생각했다. 그들이 돌아가고 얼마 후 이번에는 총신대 신학대학원 81회 동기생인 이문희 목사현 광천교회 담임목사를 만나게 되었다. 제주도 여행을 왔다가 내 이야기를 들은 이 목사는 자신이 목회하는 교회의 협동목사로 초빙할 테니 서울로 올라오라고 제안했다.

2002년 12월 말에 제주도 사역을 정리하고 서울로 올라갔다. 그런데 3월 개교예정이던 학교는 개교하지 못했다. 당시 D대학원 대학교에 있었던 법정 분쟁 때문이었다. 나는 어쩔 수 없이 개혁신학 연구원, 이화여자대학교 사회교육원 성경강좌, 기독교선교원 횃불회관 부산횃불 강의를 하며 한 학기를 보냈다. 주의해서 살펴보니 예정된 학교는 개원할 가능성이 거의 없어보였다. 법적 분쟁이라는 것이 쉽게 일단락될 것 같지 않았다.

대구에 있는 동기 유병영 목사^{현 대구 대영교회 담임목사}와 대화를 하던 중, 교회에 부임하는 것도 생각해 봐야겠다는 의사를 피력했다. 유 목사는 자신이 부목사로 있었던 부산 성지교회의 담임목사님이 연말에 은퇴하신다며, 그 교회의 장로님들에게 연락하겠다고 했다. 부산횃불 강의 시간에 그 교회의 몇몇 장로님들이 내 강의를 들으러 왔다. 강의가 끝나는 날, 다섯 분의 장로님들과 부인 권사, 집사님들과 만났다. 그분들은 내게 이렇게 제안했다.

"목사님, 현재 저희 담임목사님이 송구영신예배를 마지막으로 은퇴하시겠답니다. 그런데 그때까지는 일절 후임에 대해서 논의하지 말라고 하십니다. 2004년 1월 첫 주일에 공동의회 광고를 하고 두 번째 주일에 청빙 투표를 하고, 1월 마지막 주일에 부임하는 것으로 하시면 좋겠습니다."

나는 그렇게 약속하고 서울로 돌아왔고, 그해 7월 마지막 주일에는 원남교회 주일예배 1, 2부의 설교를 부탁받았다. 당시 원남교회는 새로운 담임목사 청빙을 앞두고 백 통에 가까운 이력서를 받아 후보를 두 명 정도로 압축한 상태였다. 지인의 요청에 아무런 부담을 갖지 않고 격주로 네 번 설교를 했다. 그런데 그 후 원남교회의 선임 장로님과 젊은 장로님으로부터 만나자는 연락이 왔다. 교회에서 청빙하면 학교 교수직을 그만 두고 올 수 있냐고 물었다. "장로님, 죄송하지만 이미 부산의 교회에 가기로 약속한 상태입니다." 하고 정중하게 거절했다. 그러나 일은 예상 밖으로 흘러 원남교회에 청빙되는 것으로 결정되었다. 그렇게 2003년 12월 마지막 주에 원남교회로 부임했다.

두 번째 기회

원남교회는 전통적인 교회였다. 이러한 교회의 리더십이 어떤 형태인가는 대부분 잘 알 것이다. 그래서 2003년 부임하자마자 새로운 리더십을 세우기 시작했다. 나는 리더십을 키우면서 여러 가지 문제점을 발견할 수 있었다. 그룹 안에 있는 개인은 작게나마 변화하고 성숙하는데, 교회 공동체 안으로 더 이상 확장이 되지 않았다. 고민하다가 2006년에 WLI^{Wagner Leadership Institute}에서 주최한 설곡산 집회에 참석했다. 강사는 신앙의 뿌리가 카톨릭이었는데 초자연적인 사역을 하다가 상처를 받아 15년 동안 하나님까지 떠나 지냈고 다시 부름 받은 후 사역 중인 사이저 박사^{Francis Sizer}였다. 그런데 그분이 강의 도중 '두 번째 기회^{Second chance}' 에 대해 언급하며 자신처럼 초자연적인 사역을 하다가 어떤 이유에서든지 중단하고 있는 사람이 있다면, 그리고 다시 시작하고 싶다면 앞으로 나오라는 것이었다. 나는 그것이 나를 향한 메시지임을 알았다. 나와 아내는 함께 앞으로 나갔고 안수를 받았다.

　　3박 4일의 일정을 마치고 내려와서 맞이하는 첫 금요일 저녁에 약 20명이 모인 형제·자매들 모임에서 말씀을 선포한 후에 안수기도를 했다. 그런데 예기치 못하게 한 형제의 머리에 내 손이 닿는 순간 그가 3-4m 뒤로 나가 떨어졌다. 또 한 자매는 갑자기 대성통곡을 했다. 나는 다시 영적 사역을 시작하면서 이렇게 초자연적인 역사에 많은 초점을 맞추게 되었다. 그것은 신나는 일이기도 했다. 그래서 그것이 나중에 가져올 파장은 애써 외면했다. 교회가 성장하면 정리가 될 것이라고 생각한 까닭이었다.

리더십을 세우다

전통적인 교회에 부임해 가자마자 리더십의 다른 축이 필요해 토요일 저녁에 대략 12명 정도, 30대에서 40대 초반 형제들과의 모임을 시작했다. 나는 그 모임에 굳이 어떤 이름을 붙이지 않았다. 리차드 포스터 목사님 Richard Foster 의 『영적훈련과 성장』이란 책을 주교재로 자신이 사는 이야기를 나누는 모임을 시작했다. 나는 이미 제자훈련이 사람을 바꾸는데 한계가 있음을 경험으로 익히 알고 있는 터였다.(나는 그랬다.) 나와 함께 있으면서 사고 체계의 변화가 마음의 태도로 이어지고 삶까지 변화되기를 목표로 삼고, 매주일 만나서 식사하고 대화를 나눴다.

　처음에 형제들은 자신을 목사편으로 만들려고 시도하는 줄 알았다고 했다. 나는 지금까지 사역하면서 사람을 내 편으로 만들려고 한 적이 없다. 한 사람 한 사람이 예수님과 말씀 앞에 서 있는 것이면 족했다. 나는 친구 목사들과 사모들로부터 다른 사람과 다르다는 말을 많이 들었다. 그렇게 모임의 횟수가 더해지면서 형제들은 내가 사심 없이 그들과 함께한다는 것을 깨닫게 되었다. 그들은 조금씩 변화되면서 성장해 갔다.

1년이 지난 후에 토요 형제모임은 그대로 두고, 월요일 저녁 부부모임을 만들었다. 토요 모임과 같이 중압감이 없는 모임이었다. 이 모임은 교회에 세워져야 하는데 그렇지 못한 가정을 찾아가 함께 식사하고 대화를 나누는 모임이었다. 이 모임에 늘어가는 비용은 대부분 내가 개인적으로 부담했다. 나는 교회에서 주는 사례비는 가정생활에, 외부 강의로 받는 강사료는 모두 이들을 섬기는데 사용했다. 그렇게 해서 교회에서 존재 가치가 없던 사람, 눈에 보이지도 않던 사람, 교회에 불평과 불만이 가득하던 사람들 20여 가정이 새로운 리더십으로 세워졌다. 이들은 교회의 모든 일에 솔선수범하였다. 교회에서 행사가 열리게 되면 이들은 어김없이 월차를 써서 주차 부터 시작해 모든 것을 섬겼다. 교회는 활기 찬 모습으로 회복되어갔지만 다른 한 편으로 새로운 씨앗을 잉태해 가고 있었다. 나는 그것을 대수롭지 않게 생각했다. 그런데 점차 이런 말이 자주 들려왔다. "담임목사가 편애하면서 갈등을 조장한다." 나는 하나님이 내 중심을 아시기에 개의치 않았다.

2006년 6월 25일, 총동원 전도주일에 초점을 맞췄다. 나는 20여명의 가정을 기초로 교회에 새로운 리더십을 세우고 그들의 선한 영향력이 그룹 안에서 교회 안으로 퍼져나갈 기회를 엿보고 있었다. 그날이 바로 '총동원 전도주일'이었다. 새로운 리더십을 세우려면 전략이 있어야 한다. 나는 한국 기독교계 안에 있는 여러 가지 전도 프로그램을 살펴본 후 '알파코스'가 가장 좋다는 결론을 내렸다.

    나와 아내는 자연스럽게 필요한 준비를 마치고 알파코스의 핵심을 20여명의 부부들에게 교육시켰다. 70여명의 새신자가 왔다. 금요일 저녁에 이들을 다시 한 번 초청해서 저녁 식사를 대접했다. 25명 정도가 초대에 응했다. 이들을 남자 그룹, 여자 그룹으로 나누고 알파코스의 대화를 하고 그룹모임을 했다. 모든 새신자가 정착되지 않았지만 10여명이 정착하게 되었다. 나는 확신이 섰다. 알파코스가 새로운 리더십을 세워 교회의 실제적인 리더를 세우고, 이론과 삶이 함께 나타날 수 있는 전략임을 확인했다. 알파코스 리더십 수양회를 하자 나가는 가정도 생기고, 새로 유입되는 가정도 생겼다. 40여명의 새 일꾼을 세웠다. '행복한 나라'란 이름으로 교회 예산을 책정하고 정식으로 교회 안의 한 훈련과정으로 편성했다. 새신자를 초청하는 초청만찬, 6주와 7주 사이의 주말 수련회, 9주차 치유의 날 등을 통해서 교회에 정착하는 숫자가 늘어갔다. 학습 세례를 많이 받았을 때는 그 숫자가 37명에 달한 날도 있었다. 알파코스가 4기를 넘어서자 다양한 은사들이 나타나기 시작했다.

행복한 나라 2기 초청만찬이 진행 중인 모습

사람들이 뒤로 쓰러지다

알파코스 6주와 7주 사이에 있는 수련회는 6주 동안 하나님이 살아계시고 예수 그리스도께서 메시아이신 것과 성령님께서 교회와 성도들을 위해 지금도 역사하신다는 것을 공부한 후에 갖는 주말 수

런회이다. 이 날은 처음 교회에 나온 사람들이 그동안 이론으로만 듣던 말씀을 직접 체험하는 날이다. 이 날 성령을 체험한 사람들은 교회에 접목될 가능성이 80%는 되었다. 어렴풋이나마 살아 계신 하나님을 체험하고 약간의 확신을 갖는 날이기 때문이다.

성령을 체험시키기 위해서 성령님의 역할을 가르치고 그 다음에 자신의 죄를 기록하여 불에 태우는 시간을 가졌다. 초신자가 본인 말로 직접 죄를 회개하기가 어렵기 때문에 취한 전략이었다. 그리고 기존에 진행되던 그룹에서 초신자가 방언을 받기 위해 열심히 합심 기도했다. 거의 대부분이 그룹 기도에서 방언을 받았다. 그리고 마지막으로 안수 기도를 하는 시간을 가졌다. 이 안수 기도 시간에 나타난 가장 큰 특징은 기도를 받는 대부분의 사람이 뒤로 넘어진다는 것이었다. 나는 이마에 살짝 손만 댔을 뿐인데, 거의 대부분이 뒤로 쓰러졌다.

뒤로 쓰러진 사람들이 다양한 이야기를 했다. 어떤 사람은 자신은 뒤로 넘어가지 않으려고 버티고 버텼는데 먼 곳에서 작은 눈이 시작되더니 점점 그 눈이 커지면서 자신을 덮쳐서 자신도 모르게 뒤로 넘어갔다고 했다. 또 어떤 사람은 자신도 모르게 뒤로 넘어갔는데 쓰러져 있을 때 자신의 아픈 발목에 불이 계속 타올랐다고 했다. 어떤 사람은 쓰러져 있는데 자신도 모르는 평안이 밀려왔다고 했다. 선입견을 가지고 보면 왜 꼭 쓰러져야 하는가 하고 질문할 수 있다. 하지만 사례들을 통해서 한 가지 확인 된 것은 쓰러져 있는 동안 하나님의 다양한 치유가 일어났다는 것이다.

부활의 주님을 믿게 된 자매

어떤 자매는 고등학교를 미션스쿨에 다녀 신앙생활을 시작하게 되었다. 그런데 지극히 이성적인 성격이라 좀처럼 신앙이 자라지 않았다. 자매는 초신자가 아닌 상태에서 알파코스 지도자 수련회에 참석했다. 나는 알파코스 지도자 수련회에서는 거의 안수를 하지 않았다. 그룹에서 원으로 둘러앉아 한 사람이 원 중앙에 들어가면 다른 그룹원이 그를 위해서 합심해서 기도하는 형태로 운영했다. 그런데 이 자매가 모임 중에 한동안 대성통곡을 했다. 이유인 즉슨, 자신은 예수님이 십자가에서 돌아가신 것까지는 믿어졌는데, 예수님의 부활은 아무리 믿으려 노력해도 믿지 못했다고 했다. 그런데 기도하는 중에 주님이 찾아오셔서 십자가에 못 박힌 손을 내미시며 '사랑하는 딸아 왜 그렇게 나의 부활을 믿지 못하니, 이것을 보고 믿는 자가 되어라.'고 말씀하셨다고 했다. 자신의 믿음 없음과 주님이 직접 나타나셔서 설명해 주신 사실 앞에 감격해서 대성통곡을 했다고 고백했다.

많은 사람이 치유를 받다

알파코스에서 치유의 날은 9주째에 따로 있다. 그날은 눈으로 확인할 수 있는 치유를 위해서 기도했다. 성령의 날 수련회에서는 치유를 위한 기도는 하지 않고 성령을 받기 위해서 기도했다. 그룹에서 방언 받기를 먼저 기도했고 또 다른 체험을 할 수 있도록 돕기 위해서 안수를 했다. 그런데 의외로 안수기도로 쓰러져 있는 동안 많은 치유가 일어났다.

무릎 관절염이 치료된 안수집사님은 안티에서 적극적인 참여의 사람으로 변화되었다. 어깨가 너무너무 아팠던 자매는 내가 안수 기도를 위해서 어깨를 만지는 순간, 순간적으로 그 아프던 통증이 싹 달아났다고 간증했다. 머리에 두통이 심했던 사람들의 두통이 사라졌다는 이야기, 불면증에 시달리던 이들이 너무 달게 잠을 자게 되었다는 이야기, 소화불량에 시달렸던 이들이 정상적인 소화기능을 회복했다는 경우도 많았다.

지금 분석해 보면 알파코스를 통해서 나타난 열매들은 주로 육체와 관련된 열매들이었다. 내적 태도의 변화와 삶의 변화는 그렇게 많지 않았다. 육체와 관련된 열매도 놀라운 축복임에는 틀림없다. 그러나 진정한 축복은 신의 성품에 참여하는 삶의 변화일 것이다.

치유의 날 치유 이야기

1995년 5월 말, 미국의 풀러신학교에서 있었던 특별집회에 참석해 일어난 사건이다. 피터 와그너 교수님이 강의를 하셨는데 강의 도중에 허리가 아픈 사람이 있느냐고 물었다. 나는 고등학교 2학년 때 축구하다가 허리를 삐끗한 후부터는 조금만 무리를 해도 허리가 아팠다. 내가 손을 들자 와그너 교수님은 나를 앞으로 불러냈다. 의자에 앉아 허리를 등받이에 붙이게 하고는 두 다리를 앞 의자에 얹게 했다. 그리고는 명령 기도를 하셨다.

"나사렛 예수 그리스도의 이름으로 명한다. 골반은 움직이고. 척추도 움직이고, 미골과 천골도 움직이고, 모든 신경과 세포 조직도 함께 움직일지어다. 나사렛 예수 그리스도의 이름으로 명한다. 짧은 다리는 자라날지어다."

내 주변에 선 한국 사람들이 "어,어, 다리 길이가 달라지고 있어요! 세상에 정말 자라나고 있어요!"하고 흥분하여 말하는 게 아닌가. 이렇게 피터 와그너 교수님에게서 허리를 치료 받은 경험이 있기 때문에 나는 치유의 날이면 그런 현상을 가진 사람을 위해 믿음으로 기도했다.

교회의 한 자매는 왼쪽 다리가 오른쪽 다리보다 짧아서 왼쪽 구두를 오른쪽보다 높여서 신고 다녔다. 나는 자매를 벽에 기대게 한 후, 와그너 교수님이 나를 위해 기도해 주셨던 대로 선포했다. 그러자 주변에 서 있던 지체들이 외쳤다. "어, 정말로 다리가 길어지고 있어요! 할렐루야!"

그 자매는 집에 돌아가서도 흥분이 가라앉지 않아 밤새도록 자신의 두 다리를 확인했다. 아침에 자신의 오빠에게 어제 저녁에 있었던 사건을 이야기했다. 오빠는 그런 일은 있을 수 없다고 잘라서 말했단다. 자매는 다시 어머니에게 이야기를 했고, 어머니는 부모로서 딸을 너무나 잘 알기에 감격해 했다.

한국 사람들 10명 중 서너 명은 한 쪽 팔이 짧다는 통계가 있다. 책상에 앉아 있는 자세가 올바르지 않기 때문이다. 등을 의자에 붙이고 손을 앞으로 나란히 해서 양 엄지 사이에 코를 올려놓고 보았을 때 왼쪽 팔이든, 오른쪽 팔이든 짧은 현상이 나타나면, 팔을 접어서 눈으로 보고 확인시켰다. 이들에게도 똑같이 나사렛 예수 그리스도의 이름으로 선포했다.

"날개 뼈와 경추는 움직이고 모든 신경과 세포들도 움직일지어다. 짧은 팔은 자라날지어다." 한 쪽 팔이 짧으면 어깨가 결리고 아픈 현상이 있다. 이렇게 기도하면 심한 오십견도 치료되어 많은 사람이 어깨 통증을 치료받았다.

팔뼈가 어긋나 수술 날짜를 잡아 놓은 어떤 자매를 위해서 기도하면서 이렇게 먼저 다짐을 받았다. "하나님께서 치료해 주시면 정말 교회에 다니셔야 합니다." 약속을 받고 팔에 안수하며 기도했다. 하나님이 어긋난 뼈가 들어맞도록 치료해 주셨다. 이 자매는 몇 년 동안 교회 출석을 거부해 왔었는데 결국 하나님께로 돌아왔다.

한 번은 다한증 환자 두 사람이 치료를 받은 일도 있었다. 한 사람은 컴퓨터를 다루는 일에 종사하고 있었는데 마우스를 잡을 수가 없을 만큼 손에서 많은 땀이 났다. 휴지를 뜯어서 손에 감고 마우스를 잡고 일을 하다보면 얼마 지나지 않아 그 휴지가 땀으로 흠뻑 젖었다고 했다. 가장 난처한 경우는 사람들과 악수를 하는 자리에서였다. 상대가 자신의 땀에 젖은 손 때문에 불쾌감을 느낄까봐 늘 신경을 쓰며 생활했었다. 그런데 단 한 번의 기도로 그 다한증이 치료되었다. 또 한 자매는 온 몸에 땀이 너무 많이 나서 하루에도 몇 번씩 속옷을 갈아입어야 하는 불편함이 있었는데 그 자매도 역시 한 번의 기도로 치료를 받았다.

아말감으로 씌운 치아가 금으로 변하나

이 역사는 빈번하게 일어나지는 않았다. 그렇다고 적게 일어난 것도 아니었다. 가장 먼저 이 역사가 일어난 것은 두 번째 기회를 결단하고 내려 온 금요일 저녁이었다. 그리고 지금은 한 나이가 많은 권사님의 이야기를 하려 한다. 연세가 90에 가까운 권사님이 계셨는데 이분이 나의 강의를 듣고 기도를 받겠다고 찾아오셨다. 기도를 받은 권사님의 치아가 백금으로 변하게 되었다. 권사님은 후에 아들에게, "아들아, 이것 봐라. 믿음 없는 자가 되지 말로 믿음 있는 자라 되어라."고 말하셨다고 했다. 아들에게 그런 이야기를 하신 이유를 후에 풀어놓으셨다.

"목사님, 치과의사가 저한테 뭐라고 했는지 아세요?" 내가 대답했다. "의사가 어떤 얘기를 했나요?"

"의사 말이, 지금 제가 금니를 하면 자신이야 돈을 조금 더 벌어서 좋은데, 내 나이가 90이 다 되었으니 굳이 금으로 할 필요가 없다는 거예요. 그리고는 그냥 아말감으로 씌우겠다고 했어요."

권사님은 오래 살지 못하실 테니 금니까지 할 필요 없다고 말한 의사의 말이 너무 서운했던 것이다. 그런데 하나님이 백금으로 바꿔주셨으니 얼마나 좋으셨을까. 할머니는 당장 그 다음날 치과에 가서 그 의사를 만나 하나님이 바꿔주셨다며 복음을 전하겠다고 하셨다.

하나님이 모든 사람의 치아를 금과 백금으로 바꾸실지는 잘 모르겠다. 한 가지 분명한 것은 치아 상태나 잇몸, 귀 상태에 문제가 있는 이들을 치료해 주셨다는 점이다. 하나님은 자신의 자녀가 조금이라도 육체적 불편이 없이 살기를 원하시는 분이다. 그래서 성경은 육체가 치료받는 것을 종종 구원받았다고 말한다.

잠자는 자를 깨우다

1970-80년대의 교회를 돌아보면 대부분의 성도들이 열정을 갖고

있었던 모습이 떠오르곤 한다. 그런데 그리 오랜 세월이 지나지 않아 열정을 지닌 성도들을 찾아보기 어려운 시대가 되었다. 직분자를 중심으로 책임감 때문에 교회에 출석하고 맡은 직분 때문에 교회를 섬기는 이들이 거의 대부분인 시대로 변했다. 성도는 있는데 일꾼은 없는 것이 요즘 교회의 현실이다. 전통적인 교회에 부임했을 때 내 눈에 보인 것이 바로 이 모습이었다.

이미 존재하는 오래된 직분자를 중심으로 한 리더십은 말로 모든 것을 하는 리더십이지 실제 행동을 하는 리더십은 아니었다. 나는 종종 설교 시간에 말뿐인 헌신이 아닌 행동으로 보이는 진짜 헌신을 하라고 선포했고 교회의 새로운 기둥 역할을 할 새로운 리더들을 찾아 나섰다. 내가 리더로 찾은 이들은 주로 교회 안으로 깊이 들어오지 않고, 있는지 없는지 존재감이 약하거나 아예 문제 교인으로 낙인찍힌 사람들이 많았다.

그런데 그런 그들이 알파코스에 참여해 거듭나고 성령을 체험하고 육체의 치유를 받자 완전히 다른 모습으로 변했다. 그들을 보면 1970-80년대의 열정적인 성도들의 모습이 떠올랐다. 신앙을 떠나려던 사람들이 열심을 내어 중직자가 되고 교회 울타리에서 맴돌던 사람들이 교회를 움직이는 일꾼이 되었다. 그러나 다른 한편으로는 기존 중직자들과 직분자들에게 내가 펼친 사역들이 받아들여지지 않았다. 그것이 타협점을 찾을 수 없는 충돌로 이어졌고 변화될 기미가 보이지 않자 나는 교회를 떠나기로 결심했었다. 이러한 생각을 가지고 2008년 말로 내가 진행하던 모든 영적 사역을 중단했다.

갈등과 교회 퇴직

원남교회를 시무하는 동안 나름대로 열심히 해보려고 많은 애를 썼다. 새롭게 도입한 알파코스와 치유 사역으로 새신자들도 많아지고 새로운 리더십들도 세워졌지만 다른 한 편에서는 교회 정체성을 문제 삼으며 논란이 커져가고 있었다.

2013년 12월 말에 교회를 실제로 사직하고 떠나기까지 내 마음속에서 늘 하던 두 가지 생각이 있었다. 그것은 '내가 원하는 사역을 하지 못하고 사회적으로 보장된 교회에 남아 있을 것인가, 아니면 교회를 떠나 알 수 없는 새 길을 개척할 것인가' 하는 문제였다. 나는 결국 후자를 선택했다. 원남교회는 2008년까지 성장 가도를 달렸다. 하지만 내가 2008년에 모든 영적 사역을 내려놓는 순간부터 내리막길을 걷기 시작했다. 원남교회에서의 10년은 결과적으로 성공을 거두지 못한 실패한 사역이었다.

전통적인 교회 사역을 통해서 깨달은 것이 몇 가지 있다. 그것은 기존의 리더십도 어떻게 해서든지 함께 동행할 수 있는 대안을 마련해 시간이 걸리더라도 그 길을 가야 한다는 것이다. 기존 리더십을 도외시하면 문제가 발생하고 결국에는 분쟁으로 이어진다는 것도 깨달았다. 그리고 이미 오랫동안 자리 잡은 신앙생활은 바꾸지 않는다는 것도 알았다. 옥한흠 목사님은 50세 이상은 제자훈련에 참여시키지 않았는데 그 이유가 변화되기가 어렵기 때문이라고 하신 말씀이 새삼 옳음을 깨달았다.

교회의 기존 리더십 입장에서 보면 나는 지금까지 내려오던 교회의 전통적인 정체성을 해치고 갈등을 조장한 목사일 것이다. 특정 세력만 비호하고 편애한 목사일 것이다. 이렇게 원남교회 10년의 목회는 실패로 끝이 났다. 하지만 나는 실패만 하지는 않았다. 많은 것을 배우고 깨달았다. 교회를 떠나고 보낸 지난 1년 동안 다섯 권의 책을 집필했다. 두 권은 출판되었고 두 권은 아직 편집 중이다. 나는 교회의 기존 리더십과 싸우지 않고 떠나기로 선택한 것이 정말 잘한 일이라고 생각한다. 새롭게 시작한 '생명의빛 교회' 개척과 '올리벳선교신학교 서부캠퍼스' 학장으로서의 사역이 내게는 정말 귀중하고 값지기 때문이다.

chapter 10
예언사역에 답을 구하다

아직 원남교회에서 갈등을 겪고 있을 때의 이야기이다. 원남교회에 청빙된 과정이 일반적인 목회자 청빙의 수순이 아닌 네 차례의 주일 설교로 생각지 못하게 청빙 되었기 때문에 교회에 사임을 표하는 것이 마음에 걸렸다. 내가 선택해서 간 교회가 아니라 하나님의 인도하심으로 원남교회에 간 것이었기 때문에 떠나는 것 역시 하나님의 음성을 듣고 결정하기로 했다. 2009년 1월부터 시작한 새벽기도의 내용은 오직 한 가지였다. "하나님, 제가 이 교회에 있기를 원하십니까? 아니면 떠나도 되는지요?" 6개월 동안 기도하면서 딱 한 번 내적 음성을 들을 수 있었다.

"나의 종아, 내 마음을 가져주면 안 되겠니?"

나는 하나님의 마음이 무엇인지 몰라서 또 기도하기 시작했다. "하나님의 마음이 무엇인지요?" 때마침 교역자들의 여름 수양회가 여수에서 열려 손양원 목사님의 유적지인 애양원을 방문했다. 손 목사님의 묘와 두 아들 동신, 동인군의 묘를 찾았다. 묘는 정 남향으로 안치되었고 앞에 손 목사님의 묘, 뒤에 나란히 두 아들의 묘가 있었다. 그런데 손 목사님의 묘비를 읽는 중에 또 다른 내적 음성이 들렸다.

"나의 종아, 내 사랑하는 양 떼들을 위해서 네 목숨을 버려주면 안 되겠니?" 마음속에서 강한 거부감이 일었다. 그리고 동시에 놀라움을 금치 못했다. 하나님을 이해할 수가 없었다. 어떻게 목사를 대적하고 하나님의 말씀과 성령을 거부하고 사사건건 교회 정체성을 문제 삼아 목사의 모든 사역을 가로막는 저들을 향해 하나님이 사랑하시는 양 떼들이라고 말씀하시는 걸까? (이건 나의 관점임을 밝힌다.) 지금은 하나님의 마음을 이해하지만 그때는 도무지 이해할 수가 없었다.

나는 내가 계획하고 실천하던 모든 사역을 내려놓았고 설교만 했기 때문에 특정한 주제를 정해서 책을 읽고 연구하면서 설교하는 일에 집중할 수가 있었다. 동시에 예언 사역에 관심을 기울이게 되었다. 교회를 떠나야 하는지, 머물러야 하는지 쉽게 분별할 수 없는 상황이 나로 하여금 예언 사역에 관심을 갖게 했다.

자매 선교사의 예언

이 자매 선교사는 이천석 목사님이 한얼산에서 사역하실 때 방언 통역을 했던 권사님의 맏딸로, 젊은 20-30대 때 엄청난 열정으로 영성을 추구했고 예언에 일가견이 있었다. 이 자매 선교사를 만나게 된 것은 정말 우연이었다.

원남교회에 부임해서 해가 들지 않는 오래 된 사택에서 6년을 살다가 이사가기 위해 바로 옆의 이층집을 리모델링 중이었다. 완

공이 되어갈 무렵 벽지를 바를까, 페인트를 칠할까 생각 중이었다. 그러다 MK303이란 광물질을 페인트에 섞어 바르면 겨울과 여름에 집의 온도 조절에도 도움이 되고 페인트 냄새도 나지 않는다는 이야기를 들었다. 그래서 그 광물질을 취급하는 회사가 바로 교회 주변에 있어 구입하러 갔다가 우연히 사장 집사님을 통해 소개받아 이 자매 선교사를 알게 되었다.

나는 지금에야 예언에 대해 조금 이해하고 있다. 그러나 그 당시에는 예언을 들으면 바로 실행되는 줄 알았다. 자매 선교사의 은사는 정말 대단했다. 사역 받는 사람의 과거·현재·미래를 방언하고 통변하며 동시에 환상이나 글씨를 보고 풀어서 말해 주었다. 그 자매로부터 받은 예언 중에 어떤 것은 이루어졌고 어떤 것은 진행 중이고 어떤 것은 폐기처분 되었다. 예언 사역을 접하게 되자 그 분야와 관련된 사람들이 새롭게 연결되기 시작했다.

순전한나드 집회에서 지목을 받다

나는 아무리 피곤해도 낮잠을 잘 자지 않는 편이다. 이유는 낮에 잠깐이라도 잠을 자면 저녁에 깊은 잠을 자지 못하기 때문이다. 그런데 2008년 6월 어느 날 집에서 점심을 먹고 잠시 졸다가 일어났다. 그 사이에 꿈을 꾸었는데 내가 꿈속에서 큰 집회에 참석했다. 집회 장소 안으로 들어갔더니 한 분이 앞자리로 안내하며 내 손에 티켓

한 장을 쥐어주었다. 그 티켓에는 선명하게 "순전한나드"란 글씨가 쓰여 있었다. 그리고는 꿈에서 깨어났다.

'순전한나드라….' 들어보지 못한 사역단체였다. 나는 돌아와 아내와 딸에게 꿈 이야기를 했다. 그랬더니 딸이 곧바로 인터넷에 검색해 보고는 곧 '순전한나드 컨퍼런스'가 열린다며 찾아주었다. 나와 아내는 특별한 의미가 있는 것 같아 전화로 등록했다.

컨퍼런스 개최 1주일 전에 확인차 인터넷 홈페이지에 들어가 보았더니 갑자기 집회 장소가 서울에서 안산으로 바뀌어 있었다. 나는 순전한나드 선교회 사무실로 전화를 걸어 장소가 너무 먼 곳으로 바뀌어 갈 수 없다고 했다. 그러자 전화를 받은 자매는 배정받은 자리가 앞자리라 아까우니 해약하지 말고 다른 사람과 바꿀 수 있으면 좋겠다고 말했다. 나는 안산까지 가는 것은 너무 멀다고 말하고 등록비를 돌려받고 집회 참석을 취소했다.

그런데 나중에 알고보니 장소는 한 번도 바뀐적 자체가 없었다고 했다. 내 전화를 받은 자매도 장소가 너무 멀리로 바뀌어 갈 수 없다는 내 말에 너무나 자연스럽게 대꾸하며 '장소는 바뀌지 않았다'고 내게 말해주지 않았다. 도대체 뭐가 어떻게 된 일인지 알 수 없어 혼란스러웠다. 그리고 주최측은 내가 보았던 안내문을 올린 적도 없다고 했다. '그렇다면 내가 인터넷에서 본 것은 무엇인가? 마귀가 그런 짓까지 하는 것일까?'

나는 장소가 바뀐 줄 알고 다른 일을 계획했다. 그런데 아내는 하나님께서 꿈으로 인도해 주신 집회이니 멀더라도 가야겠다고 생각하여 전화로 확인해 보니 컨퍼런스는 멀쩡하게 원래의 장소에서 열리고 있었다. 아내는 집회에 가서 현장 등록하고 일층에 자리가 없어 2층으로 가서 앉으면서 이렇게 혼자 중얼거리며 기도했다고 한다. "하나님, 우리 가족 이름을 부르고 예언 기도를 해주셨으면 좋겠어요." 그 날 담당 강사는 로버트 프레이저Robert Frazer (마켓플레이스 크리스천이란 책을 쓴 IHOP 요셉 컴퍼니 대표) 목사님이었다. 그런데 이게 어찌 된 일인가. 집회 도중에 강사가 정말로 '정동진'이라고 내 이름을 부르며 나오라고 했다고 했다. 그때 아내가 이층에서 소리쳤다. "정동진은 제 남편입니다. 내일 집회에 함께 오겠습니다!"

나는 그 소식을 전해듣고 다음날인 화요일 저녁 집회에 참석했다. 강사는 집회 중간에 또 다시 내 이름을 부르며 앞으로 나오라고 했다. 외국인이 내 이름 석자를 또박또박 불렀다. 자신이 예언을 하는 것이 아니고 원래는 같이 오기로 했던 밥 하트리Bob Hartley (IHOP 요셉 컴퍼니 부대표)가 예언한 것을 자신이 대신 가지고 왔다면서 읽어주었다. 기억나는 것을 요약하면 아래와 같다.

"남아프리카공화국의 빠지 사바트에서 일어났던 것과 같은 운동을 할 것이다. 그리고 세 사람이 모여 마치 한 사람이 일을 하는 것과 같이 하나되어 일하게 될 것이다. 그리하여 많은 지친 사람들이 와서 새 힘을 회복하고 꿈을 상실한 사람들이 꿈을 회복하고 갈 것이다…… 천 명의 비즈니스맨을 키울 것이다."

이때 받은 예언에는 기간이 명시되어 있지 않았다. 어떤 것은 실현 가능성이 가까워 보이고 어떤 것은 좀 더 미래에 진행 중인 것으로 보인다.

세계 경제 위기에 대한 예언

로버트 프레이저 목사님은 U.C. 버클리대학교 경제학과 출신이다. 그분은 자신이 2000년대 캔사스시티 주간 신문에 거의 매일 메인을 장식했다고 말했다. 그만큼 유능한 기업인이었다는 뜻이다. 그런데 하나님께서 자신을 일터 사도 쪽으로 인도하셨고 지금은 IHOP(International House of Prayer) 부속 기관인 요셉컴퍼니 대표를 맡고 있다고 소개했다. 그는 경제학을 공부했기 때문에 세계 경제가 어떻게 돌아가는지 이해하고 있었고 거기에 하나님의 초자연적 은혜까지 누리며 많은 자료를 축적했다고 했다. 비행기를 타고 오는 도중, 하나님께서 자신이 축적한 자료를 한국의 기업인과 함께 나누라고 말씀하셨다고 했다. 그는 경제인을 위한 특별 집회에서 자신이 가진 자료를 모두 공개했다. 그는 결론적으로 "세계 경제가 머지않아 큰 위기에 빠진다."고 예언했다.

    그가 강의를 했을 때가 2008년 8월 중순이었다. 그리고 놀랍게도 한 달 후에 미국 리먼 브라더스(Lehman Brothers) 사태가 터졌다. 리먼 브라더스는 2008년 9월15일, 뉴욕시간 새벽 2시에 미국 연방 법원에 파산을 신청한 사건이다. 당시 부채 규모는 6130억 달러. 세계 경제 17위 국가인 터키의 한 해 국내총생산GDP과 맞먹는 금액이었다. 미국 역사상 최대 규모의 기업 파산으로 기록되었다. 리먼 브라더스가 쓰러지면서 미국은 물론 세계 금융시장이 연쇄적으로 급속하게 얼어붙었다. 이것이 미국발 글로벌 금융위기의 시작이었다.

한편으로 나는 로버트 프레이저 목사님의 강의를 듣고 난 후 중대한 결정을 내려야 했다. 그는 부동산을 가지고 있는 것은 큰 손해를 보게 되고 2013년까지 회복하기 힘들 것이라고 했다. 그때 나는 어머니 명의로 서울 녹번동에 조그마한 빌라를 한 채 가지고 있었다. 부동산 경기가 거의 바닥이었기 때문에 매매가 활발하지 않은 때였다. 그래도 하나님이 도우시면 가능하리란 생각에 매물로 내놓았더니 이틀 후 부동산에서 연락이 왔다. 일사천리로 계약이 이루어져 좋은 가격에 집을 팔았다. 그리고 리먼 브라더스 사태가 터졌고 아직까지도 서울의 주택경기는 얼어붙어 있다.

로버트 프레이저 목사님의 세계 경제 위기 예언은 적중했다. 나는 예언의 가치에 대해서 고린도전서 14장을 연구하며 여러 가지 책을 읽게 되었고 예언 사역에 더 관심을 가지기 시작했다. 이 관심은 나의 상황과도 연결되어 있었다. 교회에서 하던 영적 사역이 정체성 문제로 이견이 많았고 앞으로의 진로에 대해서도 고민하던 시기였기 때문에 더욱 예언 사역에 관심이 있었다.

부의 이동에 관한 예언

2000년 중 후반에 영성 운동을 하는 사람들 중심으로 '부의 이동'이 일어난다고 엄청나게 선포된 적이 있었다. 모르긴 해도 한 두 명에게는 그것이 일어났을 것이다. 나는 어느 순간부터 영성 운동을 하는 사람들의 메시지를 분별하기 시작했다. 그들의 예언과 그들이 주도하는 영성의 흐름이 성경적인가를 살펴보기 시작했다. 내가 단호하게 말할 수 있는 것이 있다. 그것은 부의 이동이 절대 다수의 사람들에게는 일어나지 않는다는 것이다. 그 부의 이동 예언에 부풀어 있던 한국 교회 신자들은 이제 방향을 전환하여 그들이 말하는 "영광에서 영광으로 Glory to Glory"를 따라가고 있다. '닭 쫓던 개 지붕 쳐다본다.'는 속담처럼 부의 이동은 금새 잊어버리고 또 다시 '영광에서 영광으로'를 좇는다. 자신이 몇 년 동안 추구했던 것이 열매를 맺지 못했음에도 불구하고 무엇이 잘못되었는지 평가조차 하지 않은 채 말이다.

    성경은 때때로 현세의 경험을 강조한다. 경험이 뒷받침 된 신앙은 살아 있고 능력이 있기 때문이다. 지식적이고 의지적인 신앙보다 능력이 있고 헌신이 따른다. 그러나 경험을 좇아가는 것은 성경이 말하는 신앙생활의 본질이 아니다. 경험이 예수님을 따라가고 예수님을 닮아가는 일에 도움이 된다면 필요하지만 그 경험 자체가 중시된다면 나는 그것을 절대로 추구하지 않을 것이다.

거의 천 년 동안 방언을 비롯한 초자연적 은사들은 역사의 뒤안길에 있었다. 그런데 1900년 1월 1일에 방언이 다시 나타났다. 그렇게 다시 시작된 오순절 계통 교회들을 중심으로 일어난 은사운동과 구별하기 위해 제3의 물결, 제3의 바람이란 운동이 일어났다. 이 운동은 이내 신사도운동으로 발전했다. 그 이름도 곧 사라지고 일터사도 운동, 부의 이동 운동이 등장했다. 그것도 얼마가지 않아 '영광에서 영광으로'란 운동으로 등장했다. 누가 무슨 말을 하게 되면 대부분의 영성운동을 하는 사람들은 그것을 따라간다. 이 모든 운동들을 자세히 지켜보면 관심의 초점이 어디에 있는가를 알 수 있다. 대부분의 영성운동은 관심의 초점이 하나님인 것 같아 보이지만 더 들여다 보면 실상은 하나님이 아닌 경우가 많다. 사람에게 일어나는 현상 혹은 어떤 물질적 현상에 초점이 있다. 어떤 경우에도 모든 초점은 하나님께 있어야 한다. 그리고 그분의 거의 유일한 관심사이신 하나님의 자녀가 죄로 인해 파괴된 하나님의 형상을 회복하는 일에 있어야 한다. 다시 한 번 바울의 메시지를 들어보자.

> "나의 자녀들아 너희 속에 그리스도의 형상을 이루기까지 다시 너희를 위하여 해산하는 수고를 하노니. (갈 4:19)"

내가 기도 사역을 하면서 받은 은사들을 사용했을 때 많은 역사들이 일어났다. 나는 이 사역들을 하면서 '일어나는 현상'에 거의 모든 초점을 맞췄었다. 그리고 환호했다. 그러나 내 안에서 역사하던 죄의 습성은 그대로 남아 있었다. 사역을 받은 사람들도 육체는 치료 받았지만 그들의 죄도 결국 그들 안에 그대로 있었다. 그것을 어떻게 단정적으로 말 할 수 있느냐고 반문할 지도 모르겠다. 적어도 내가 나 자신을 바라보았을 때 내 생각과 감정 그리고 더 나아가서는 내 삶이 근본적으로 달라지지 않았기 때문이다.

은사가 사용되어지는 통로로 쓰임받은 것은 참 감사하지만 안타깝게도 그것만으로는 이 긴 세월 동안 내 죄성에 큰 변화가 오지는 못했다. 기도하고 바로 돌아서서 화를 내는 것처럼 기도하는 삶에 더 다양하고 깊이 있는 은사들이 접목되었어도 내 생각과 마음은 변화되지 않고 예전 그대로 였다. 능력이 나타나 역사가 일어났지만 그것을 보는 기쁨도 그때 뿐, 내 안에 무엇인가 채워지지 않는 부족한 것이 나를 괴롭게 했다.

이곳 저곳에서 받은 예언들을 녹음하거나 문서로 기록하여 저장해 둔 내 컴퓨터의 폴더를 열어보면 너무 많아서 뭐가 뭔지 기억이 안 날 정도이다. 밥 존스, 릭 조이너 목사님과 같이 세계적으로 유명한 분들과 함께 식사도 같이 해봤을 만큼 많은 사람들을 만나 보았다. 그러나 예언 사역도 내가 구하던 답의 전부가 될 수 없었다.

무엇이 문제일까.

예언사역에 답을 구하다

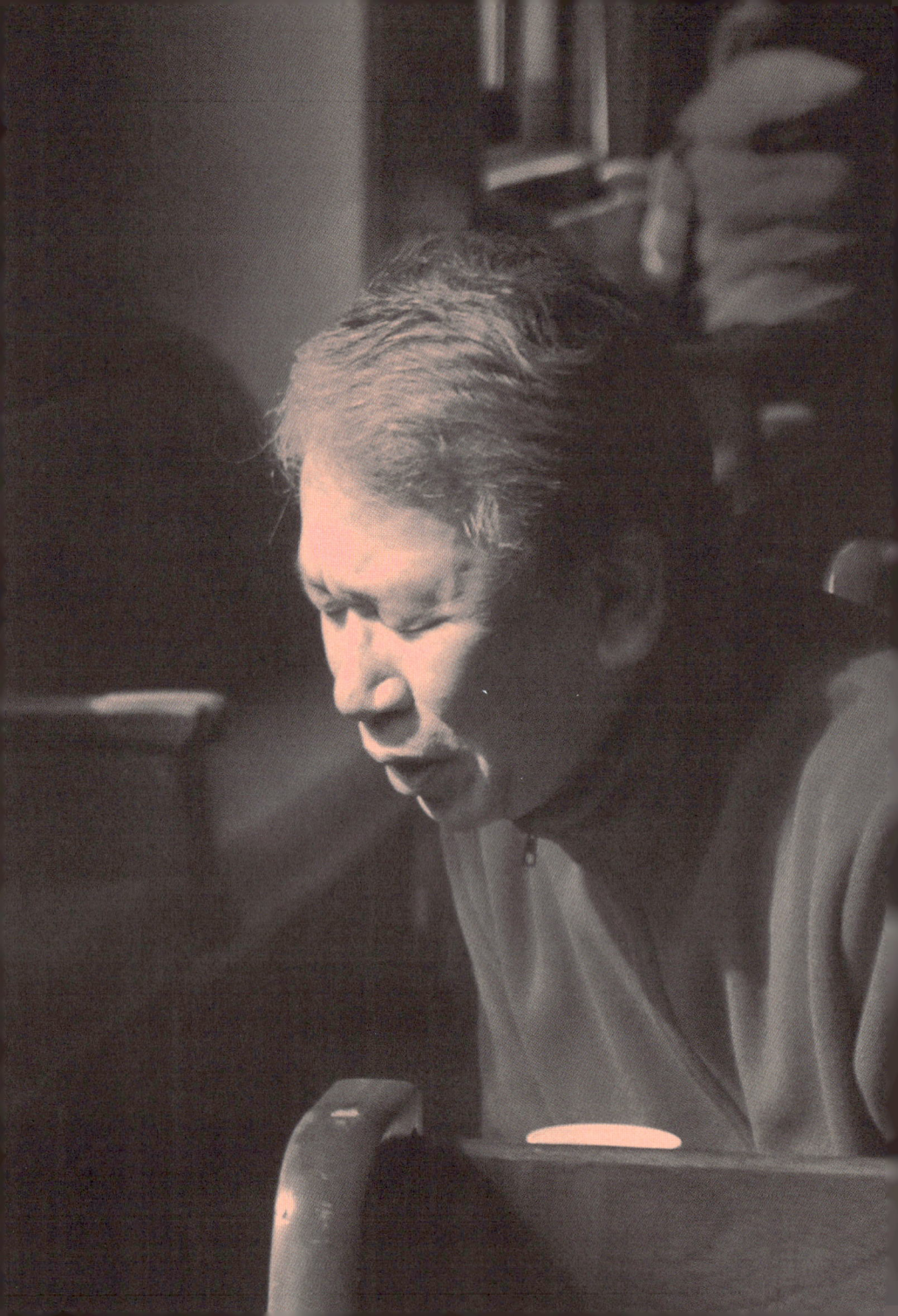

PART 3
회개, 더 깊은 영성으로

chapter 11

회개하고 또 회개하다

사람은 한 치 앞을 내다볼 수 없는 존재다. 나 역시 그렇다. 제자훈련에 기초한 신앙에서 기도하는 신앙으로 나아가게 될 줄 어떻게 알았겠는가. 산 기도하던 신앙에서 유학의 길로, 유학을 하며 혁신적인 교회 이론을 공부했는데 전통적인 교회로 부임하게 될 줄 어떻게 알았겠는가. 그리고 10년 동안 목회하던 교회를 갑자기 떠나게 될 줄은 또 어떻게 알았겠는가. 1년 4개월 전 교회를 떠날 당시에는 그 모든 상황을 이해하지 못했지만 지금은 이해하고 있다. 나의 연약함과 미련함에도 불구하고 하나님께서 합력하여 선을 이루셨다. 너무나 말 할 수 없이 감사하다.

나는 하나님의 형상, 그리스도의 형상을 회복하여 하나님의 성품에 참여하는 것이 신앙생활의 본질인 것을 말씀을 통해서 깨달았다. 그러나 어떻게 할 방도가 없었다. 하나님의 형상을 회복해야 한다는 주장도 별로 없는데 그 방법이 있을 리 만무했다.

> "회개는 끊임없이 믿음을 따를 뿐만 아니라 믿음으로부터 난다. Repentance not only constantly follows faith, but is also born of faith. (존 칼빈의 기독교 강요 제 3권 3장 1절)"

예수를 그리스도로 믿는 믿음은 회개를 낳는다. 믿음이 회개를 낳는데 어떻게 회개하지 않을 수 있겠는가. 나는 회개와 더불어, 예수님께서 주님의 뜻대로 살지 못하고 마귀의 노예가 되어 사는 사람들에게 역사하는 악한 영들을 위해 축사하신 것을 성경에서 보았다. 회개와 축사가 나에게 어떤 영향을 미치게 될 것인가를 깊이 생각하며 '회개'라는 사역에 본격적으로 발을 들여놓게 되었다.

마침내 찾다

규장에서 출판한 조셉 얼라인 Joseph Alleine의 『회개했는가?』와 『돌이켜 회개하라』는 책을 읽게 되었다. 어쩌면 회개가 신앙생활의 본질을 회복시켜 줄 수 있을지 모른다는 생각을 하고 있던 어느 날, 대구에 계신 장인 어른께서 오토바이를 타고 가시다가 넘어져 어깨뼈가 으스러지는 사고를 당하셨다. 아내가 내려가 하루 저녁을 병원에서 간호했다. 병원에서 잠을 자본 사람은 그 사정을 잘 안다. 아내는 지친 몸으로 아침을 맞았는데 친구 사모님으로부터 전화가 왔다.

"사모님, 사람 몸에 있는 영을 기막히게 진단하시는 목사님이 우리 이웃 교회에 오셨는데 빨리 와보세요." 아내는 지친 몸을 이끌고 다녀와서는 내게 그 목사님을 한 번 만나보라고 권했다. 교회의 몇몇 형제·자매들이 모인 모임에서 그 이야기를 꺼냈더니 한 형제가 부정적인 반응을 보였다. 나는 굳이 강제적으로 권할 필요성을 느끼지 못하고 일단 지나갔다. 한 달 반 가량이 지난 어느 날, 친구 사모님에게서 다시 전화가 왔다. "목사님, 지난번에 말했던 그 목사님이 지금 제 옆에 계시는데 바꿔 드릴게요." 정말 엉겁결에 전화 통화를 하게 되었다.

이때 소개 받은 분이 실로암 세계선교회를 이끌고 계신 한양훈 목사님이다. 한 목사님은 10년 전 회개를 통해 영의 눈이 열린 후부터 그때까지 자신이 지었던 죄악들을 하나님 앞에서 더욱 철저하게 회개하고 다른 목회자들을 돕기 위해 본인의 목회까지 내려놓으시고 지금까지 오로지 하나님 나라를 위해서만 뒤돌아보지 않고 달려오신 분이다. 한 목사님의 사모님께서 원장으로 계신 실로암 사역센터에서는 찾아오는 이들이 시간을 낭비하지 않고 정확하게 회개할 수 있도록 회개할 내용을 진단해 주고 악한 영들을 내쫓는 사역을 하고 있다.

우리나라 속담 중에 "뜻이 있는 곳에 길이 있다."는 말이 있다. 회개 하기를 원했더니 하나님께서 체계적으로 회개를 할 수 있는 길로 인도하여 주셨다. 전화 통화를 할 때 한 목사님으로부터 온 가족이 함께 회개하는 것이 가장 효과적이란 이야기를 들었기 때문에 그렇게 하고 싶었다. 나와 아내는 동기부여가 되어 있었으나 아직 두 딸이 남아있었다.

우리 가족은 나와 아내, 그리고 두 딸로 가족 구성원이 네 명밖에 없는데 집안에 네 개의 혈액형이 모두 있다. 내가 O형이고 아내가 AB형, 큰 딸이 B형이고 작은 딸이 A형이다. 서로 다른 혈액형 만큼이나 각자 독특하고 뚜렷한 개성을 가지고 있다. 그래서 우리 가족은 어떤 일을 결정할 때 한 마음이 된 적이 별로 없었다. 그러나 '회개하는 일' 만큼은 한 마음이 되었다. 부산에서 헨리 그루버 Henry Gruver 목사님의 집회를 통역하고 있던 큰 딸에게 먼저 전화를 했다. "사람의 영적 상태를 진단하시는 목사님이 계시는데 참여할래?" 그러자 너무나 흔쾌히 "그럼 나 모레 새벽차로 올라가니까 그 날 진단 받으면 되겠네"라고 대답했다.

큰 딸이 부산에서 올라오는 5월 9일에 진단을 받기로 했다. 둘째 딸은 시카고에서 공부 중이라 어차피 올 수 없어 연락하지 않았다. 그러나 사역받는 일정을 잡기 위해서 둘째와 화상통화를 연결했다. "우리는 회개하고 훈련 받을 계획인데 너는 어떻게 할래?" "나 방학하면 오랜만에 IHOP International House of Prayer에 들렀다가 6월 초에 한국에 들어갈 예정인데 그때까지 기다렸다가 같이 해." 네 명의 의견이 하나 되기가 정말 어려운 일인데 너무 쉽게 하나가 되었다. 하나님의 전적인 은혜 외에는 다른 말로는 표현이 불가능했다. 그래서 2013년 6월 18일부터 온 가족이 회개하기 시작했다.

회개를 시작하다

목사가 회개를 '시작'했다고 하면 아마 분명 이상하게 들릴 것이다. 수십 년 간 신앙생활을 해 왔기 때문에 당연히 '회개'를 모르는 것은 아니었다. 그러나 나에게 있어 회개란 주로 내가 하고싶은 기도를 시작하기 전에 그저 한 두 마디 정도 언급하고 넘어가는 상투적인 말일 뿐이었다. 그것으로 충분하다고 배웠기 때문이다.

유하출판사에서 발간한 얇은 『회개기도문』을 가지고 우상숭배와 생활에서 지은 죄를 먼저 회개했다. 우상숭배의 죄는 나와 우리 선조들이 제사 지내고 불교를 믿고 무당 찾아다니고 생활 속에서 미신과 잡신을 믿고 따른 죄를 말한다.

나는 고등학교 때까지 집안의 제사에 참여해 절을 했다. 제사로 우상숭배 한 죄는 내가 직접 행했기 때문에 어느정도 마음에 와 닿았다. 그러나 부처 섬긴 것은 학창시절 소풍 갔을 때, 아니면 친구들과 여행 갔을 때 절에 잠깐 들어가 본 것 외에는 나와 별 상관이 없었다. 무당은 더더구나 나와 상관이 없었다. 살면서 단 한번도 점을 치러 가본적이 없기 때문이었다. 시골의 미신과 잡신은 우리 어머니가 지키는 것을 보고 오히려 경멸했다. 그러니 책자에 적혀 있어 회개를 하기는 했지만 딱히 마음에 와 닿지는 않았다.

생활에서 지은 죄는 교만, 음란, 거짓, 혈기분노, 걱정근심, 불평불만, 두려움 등 죄의 항목을 20개 정도로 정리한 것을 회개하는 것이다. 생활 죄는 내가 직접 행한 행동들이니 우상숭배 죄보다는 마음에 더 쉽게 와 닿았다.

나는 대구신학교에서 2년 6개월, 총신대학교 신학대학원에서 3년,

풀러신학교에서 2년 6개월 동안 총 8년 동안 신학을 공부했다. 그러면서 형성된 신앙관 중에 죄는 한 번 회개했으면 됐지 왜 했던 것 또 하고 또 반복해야 하는지가 큰 의문이었다. 이번에도 나의 이성과 논리가 나를 불편하게 했다.

'회개한 것을 또 하는 것은 하나님을 불신하는 것 아닌가?'

하나님이 죄를 용서해 주셨는데 그것을 또 회개한다는 것이 정말 이상했다. 이때는 악한 영들을 직접 내 눈으로 보지 못했기 때문에 회개가 '되었다 또는 안되었다'의 기준이 잡히지 않았고 내 머리 속에서 성경적으로 회개에 대한 이론 정립이 되지 않았기 때문에 일어난 의문이었다. 성경에서 말하는 회개는 무엇인가. 얼마나 해야 용서를 받은 것인가. 도무지 이해할 수 없었지만 일단 시작했기 때문에 끝까지 해보고 판단하기로 결정했다.

이런 나에게 회개를 열심히 하도록 동기를 부여했던 한 가지가 있었다. 바로 내가 받은 '진단'의 내용이었다. 내 몸에 있는 악한 영들을 진단한 내용이 마치 내가 평소에 행동하는 모습과 현재의 상황을 그대로 보고 적은 것 같이 정확했다. 혈기분노, 걱정근심은 기본이고 지치게 하는 영, 목표 이루지 못하게 하는 영, 일이 꼬이게 하는 영, 고민하고 복잡하고 생각이 많게 하는 영, 묶임의 영, 헤메이게 하는 영 등과 같은 부류의 영들이 가장 많았다. 원남교회에서의 갈등으로 내가 지난 10년 간 해결하기 위해 애썼지만 실패하였던 내 모습 그대로 였다. 나는 내 상황을 설명한 적이 없었고 하나님께서 알려주시지 않으면 알 수 없는 내용이었다. 그랬기 때문에 섣부르게 판단을 내리지 않았다.

사역을 받고 영안이 열리다

집에서 회개하고 센터에 와서 한 목사님께 사역을 받으면 내가 회개를 한 만큼 악한 영들이 내 몸에서 쫓겨 나갔다. 나는 밥 먹고 설교 준비하는 시간을 제외하고 나머지 모든 시간을 회개하는 일에 투자했다. 방학하거나 프리랜서로 일하여 특별한 스케줄이 없던 딸들은 하루에 8~10시간씩 죽어라 회개만 했다.

사역을 받고 나면 우상숭배의 죄가 뇌에 몇 프로 남았는지, 몸에 있던 다른 영들은 몇 프로 남았는지 그 퍼센티지를 환상으로 보고 다른 사역자가 진단해 주었다. 우상숭배 수치는 처음에 40%에서 한 번 축사 받고 나니 28~29%, 한 번 더 받고 나니 3~4%로 떨어졌다. 온 가족이 함께 열심히 회개했기에 가능한 일이었다.

몸에 있던 다른 영들의 수치는 100%에서 한 번 축사 받고 나니 79%, 일주일 후에 19%, 그 다음에는 완료가 되었다. 여기까지가 몸에 있는 영들의 처음 상태를 100%라고 했을 때 약 40% 정도가 해결 되는 '기본적인 회개'를 마친 단계이다. 이것 이후에는 다음 20%를 해결할 수 있는 다른 진단을 또 해주었다. 이것을 가지고 회개하고 있는 중에 한 목사님으로부터 영안을 여는 기도를 받고 훈련을 시작했다.

영안이 열린 뒤 한 달 동안 영안을 잘 사용할 수 있도록 악한 영이나 천사, 또는 환상을 보고 동시에 주님의 음성을 듣는 훈련을 했다. 앞에서 말한 기본적인 회개를 마치지 않고서는 영안이 열리기가 어렵다. 왜냐하면 내가 짓고 물려받은 우상숭배의 죄악들로 인해 악한 영들이 주님으로부터 오는 빛을 막고 내 속사람의 눈을 가리고 있기 때문이다. (우상숭배와 관련된 영들은 머리에 특별히 많다.) 이런 식으로 회개 하지 않고 어느정도 영안이 열린 한국 사람들은 보는 것들이 백 퍼센트 정확하기가 힘들다. 왜냐하면 회개하지 않아 머리에 남아 있는 악한 영들이 빛을 왜곡시키고 혼선을 빚게 만들기 때문이다. 한국 사람들이 그토록 주님 보기를 사모하고 열정적으로 기도하지만 외국의 사역자들 처럼 주님의 음성을 잘 들을 수 없는 이유가 바로 우상숭배의 죄를 회개하지 않았기 때문이다.

받은 훈련 내용 중에서 가장 마음에 들었던 내용은 내가 처음에 받은 것과 같은 영 진단, 은사 진단을 하는 것이었다. 사람마다 하나님께서 주신 은사들이 있는데 마치 동전의 양면처럼 그 은사가 발휘되지 못하도록 악한 영들이 막고 있어서 은사가 잘 드러나지 못한다는 것을 알았다. 하나님께서 주신 은사의 활성화를 위해서 성도들을 지배하는 영들의 정체를 밝히고 그들을 도와준다면 정말 좋겠다는 생각을 품으면서 훈련을 마쳤다.

쓴뿌리를 회개하다

쓴뿌리 회개란 내 친가, 외가의 조상들이 지은 죄들 중 내 '몸 안'에 물려받은 것들을 회개하고 제거하는 사역이다. 실로암 사역센터를 통해 회개를 시작한 모든 사람들이 쓴뿌리 회개까지 꼭 하는 것은 아니었다. 하지만 우리 가족과 나는 최대한 빨리 우리 각자가 가지고 있는 문제들과 죄악들을 해결하고 싶었기에 훈련을 마치자마자 단번에 시작했다.

내 친가는 1대를 아버지로 계산하여 27대 시조에 이르기까지, 외가는 1대 어머니로부터 30대까지 십계명을 어긴 죄와 특별히 우상 숭배 죄를 회개하고 또 회개했다. 이 쓴뿌리 회개는 얼마 만큼의 시간을 회개하고 또 금식하여야 주님께서 받으시는지 진단을 받고 시작한다. 나는 하루에 2시간씩 약 한 달을 기도해야 했다. 친가 1대부터 4대까지를 가장 많은 시간을 들여 회개했다. 외가도 친가와 마찬가지로 1대부터 4대까지를 가장 많은 시간을 들여 회개했다.

내가 배운 신학의 논리에 의하면 죄는 한 번만 고백하면 되는데, 주어진 시간이 하루에 2시간, 채워야 할 회개 기간이 약 한 달이니 한 번 회개하는 것으로 도저히 채울 수가 없었다. 어쩔 수 없이 십계명의 죄를 반복해서 회개했고 우상숭배도 계속 반복해서 회개했다. 나중에는 회개문을 거의 외우게 되었다.

쓴뿌리 회개기도를 하면서 얻은 여러 가지 소득이 있다. 그 중에서 가장 큰 것은 제 2계명 "너를 위하여 새긴 우상을 만들지 말고 또 위로 하늘에 있는 것이나 아래로 땅에 있는 것이나 땅 아래 물 속에 있는 것의 어떤 형상도 만들지 말며 그것들에게 절하지 말며 그것들을 섬기지 말라 나 네 하나님 여호와는 질투하는 하나님인즉 나를 미워하는 자의 죄를 갚되 아버지로부터 아들에게로 삼사 대까지 이르게 하거니와 나를 사랑하고 내 계명을 지키는 자에게는 천 대까지 은혜를 베푸느니라.(출 20:4-6)"는 말씀에서 보듯이 우상숭배 죄는 아버지로부터 자손 삼사 대까지 하나님의 진노를 쌓게 된다는 사실이 점점 실감나기 시작했다는 것이다. 막연하던 조상들의 죄가 아주 구체적으로 느껴지지 시작했다. 우상숭배의 죄가 가져오는 결과가 하나님의 진노, 저주인데 그것이 실제 삶에서 어떻게 나타나는지가 궁금했다.

내가 가진 압해 정씨는 AD 684년 당나라 선종 때 압해도로 시조 정덕성(丁德盛)이 유배를 온 후부터 시작된 성씨이다. 당시 당나라는 이미 나라 주관으로 제사를 지내고 있었다. 그랬기 때문에 압해 정씨는 시조부터 제사를 지내왔고 아마 그 모든 후대들도 아버지를 따라 계속 제사를 지내 왔을 것으로 생각이 되었다. 다른 우상숭배는 제외하더라도 조상제사로 우상숭배 한 죄 하나만으로도 쌓은 죄가 너무 엄청난데 그 죄의 대가는 어떻게 나타나는 것일까. 궁금해서 물어보니 각 우상숭배의 종류마다 어떤 영향력을 미치는지 이미 진단을 해놓은 것이 있어 한 목사님께서 그 내용을 알려주었다. 제사로 우상숭배를 할 때 집안에 들어오는 영들은 무지, 무능, 전진하지 못함, 앞길 막힘과 같은 계열의 영들이었다. 쓴뿌리 회개를 하면서 내가 무엇인가를 해보려고 시도해도 길이 잘 열리지 않은 것이 바로 제사로 우상숭배 한 죄 때문이라는데 생각이 미치게 되자 우상숭배의 죄를 더욱 철저하게 회개하기로 마음 먹었다.

깊은 우상숭배 회개문을 쓰다

쓴뿌리 회개를 마친 후에도 우상숭배 죄가 내 삶에 미치는 영향력이 너무 크다보니 더 깊이 회개를 하고 싶은 마음이 일어났다. 쓴뿌리는 내 몸에 있는 분량 만큼만 회개하고 내보낸 것이지 내 세대 위에 역사하는 영들까지 내보낸 것이 아니기 때문이었다.

    제사 지낸 죄를 회개하려고 시작해도 "하나님! 제가 어렸을 때 제사 지낸 죄를 용서해 주시고 저희 조상들이 제사로 우상숭배 한 죄를 용서해 주옵소서!"라고 고백하고 나면 더 이상 할 말이 생각나지 않았다. 다른 우상숭배 죄도 마찬가지였다. 처음에 회개를 시작할 때 사용하였던 회개기도문도 간략하게만 나와있었기 때문에 내용적인 측면에서 한계가 있었다. 그래서 나는 제사에 대해 자세하게 언급해 놓은 사이트들을 여러 곳 방문해서 정보를 모았다. 제사를 지내기 위해서 제사 음식을 장만해야 하는데 그 종류가 우리 큰집에서만 보던 것이 다가 아니라 생각보다 매우 다양하고 그 종류가 많았다.

나는 그저 때 되면 제사에 참석하기만 했기 때문에 그 준비 과정은 잘 알지 못했는데 제사를 한 번 지내기 위해서는 돈도 상당히 많이 들고 그 많은 음식을 장만하고 만들기 위해서도 많은 시간과 정성이 필요하다는 사실을 알게 되었다. 어느정도 예상은 하고 있었지만 그 자세한 내역을 보고는 정말 혀를 내둘렀다. 더 기가 막힌 것은 제사의 종류가 지방마다 어마어마하게 수도 없이 많다는 것이었다. 내가 기억하고 있던 제사는 기일제사, 차례제사, 묘사 정도였다. 그런데 한 사람이 죽어서 탈상하기까지 지내는 제사만 해도 발인제, 노제, 초우제, 삼우제, 부제, 소상, 대상, 담제, 길제 등 여러 종류였다.

나는 이 외에도 다른 많은 제사들을 다 연구하며 회개했다. 단지 우상숭배 죄를 회개해야 한다는 일념 때문이었다. 더 많이 알면 더 많이 보인다고 했던가. 우리 민족이 다름아닌 하나님 앞에서 하나님을 대적하며 지은 수많은 우상숭배가 내 가슴을 아프게 했다. 이렇게 내가 우상숭배의 죄를 회개하다가 그 내용을 정리하여 다른 사람들이 더 쉽게 죄를 회개할 수 있도록『깊은 우상숭배 회개문』(有하)을 쓰게 되었다.

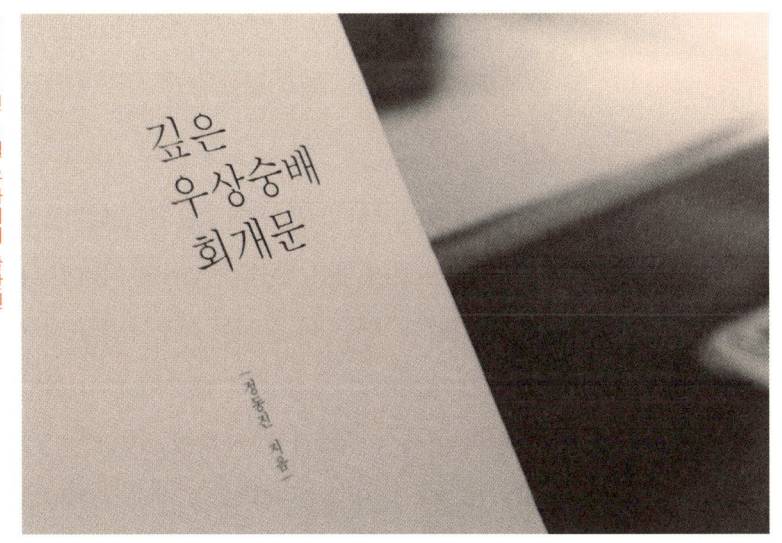

2014년 6월 유하에서 출판된 깊은 우상숭배 회개문

영적전투는 실재다

나는 지금까지도 압해 정씨 가문이 우상숭배 한 죄와 내가 생활 속에서 지은 죄들을 계속해서 회개하고 있다. 이렇게까지 하는 데에는 중요한 이유가 있다. 그 답은 에베소서 6장 10-19절 말씀에 있다. 내가 지난 날 이 구절을 외우기 위해 수백 번 되뇌면서도 그 실상을 깨닫지 못했다는게 안타깝다. 몇 절을 살펴 보자.

"마귀의 간계를 능히 대적하기 위하여 하나님의 전신 갑주를 입으라 우리의 씨름은 혈과 육을 상대하는 것이 아니요 통치자들과 권세들과 이 어둠의 세상 주관자들과 하늘에 있는 악의 영들

> 을 상대함이라 그러므로 하나님의 전신 갑주를 취하라 이는 악한 날에 너희가 능히 대적하고 모든 일을 행한 후에 서기 위함이라 (엡 6:11-13)"

나는 너무나 중요하고 귀하게 생각하면서 이 말씀을 외웠었다. 아마도 이 글을 읽는 독자들도 수없이 들은 말씀일 것이고 어쩌면 나처럼 외우는 사람도 많을 것이다. 나는 이 말씀이 너무나 중요해서 외우기는 했는데 실제 생활 속에서는 사실상 그 대상이 없이 살았다. 통치자들, 권세들, 어둠의 세상 주관자들, 하늘에 있는 악의 영들이 나의 싸움의 대상인데 그들의 정체를 제대로 파악하지 못했고 왜 이들이 내 싸움의 대상인가를 깊이 생각해 보지 않았다.

"하늘에 있는 악의 영"들은 분명하게 드러난 싸움의 대상인데도 나는 그것들과 싸울 수 없었다. 내 행동 가운데서 악한 영의 역사를 분별하려는 의식이 없었고 거기에는 영적 실체를 보지 못하는 데 원인이 컸다. 실체가 눈 앞에 있어야 싸울 텐데 눈에 보이지 않으니 어떻게 싸우려고 시도나 하겠는가.

내 싸움의 대상이 혈과 육이 아니라는 것은 그것이 명백하게 '영'이라는 것이다. 그렇다면 무엇이 영인가. 성경에 기록된 대로 마귀, 귀신, 사탄, 용, 옛 뱀 등이 악한 영인 것은 당연히 안다. 하지만 그것들이 무엇을 지배하고 있기에 내가 그들에게 지배 당하는지를 몰랐었다. 나는 우상숭배의 죄 회개, 쓴뿌리 회개, 생활 속에서 지은 죄를 회개하다가 지금까지 인정하기 힘들던 깨달음이 마음에 왔다. 지금까지 내 성격의 일부분이라고 이해하고 대수롭지 않게 여겼던 교만, 걱정근심, 혈기분노 등이 악한 영의 실체, 곧 마귀요 귀신 그 자체이며 나를 지배하고 있어서 내가 생활 중에 그것들을 드러내며 살고 있었다는 것이었다. 나는 총신대학교 신학대학원에서 사람의 몸에는 귀신이 없고 못 들어온다고 배웠었다. 그 지식이 머리에 너무나 확고하게 자리잡고 있어서 이 당연한 사실을 눈 가리고 아웅하듯 깨닫지 못했고 귀신이 어디에서 어떻게 역사하는지에 관해 아무런 관심이 없었다.

  내가 관심이 있던지 없던지 간에 죄로 인해 합법적으로 들어온 영들은 나와 우리 가정을 지배하고 있었다. 내가 죄를 지으면 죄를 짓는 만큼 영들이 내 몸 안으로 들어와 내 뼛속까지 누적되었고 죄를 지은 장소에도 그에 해당하는 악한 영들을 불러들이며 살았다. 우리 조상들이 살아오면서 지은 죄악들도 예외가 아니었다. 그들이 지은 죄의 삯으로 인해 들어 온 영들은 저 멀리 어느 추상적인 장소에 존재하지 않았다. 그 영들은 나의 몸에 쓴뿌리로, 태어날 때 부터 들어와 내가 죄를 짓게 만들었을 뿐만 아니라 바로 내가 있는 공간 위에 차곡차곡 자리 잡고, 나와 우리 가정을 훼방하며 인생을 고달프게 만들고 있었다. 조상들이 죄를 짓고 회개하지 않아 내려 온 그 대가를 후손인 내가 고스란히 치르고 있는 것이었다.

  이렇게 나에게 가장 가까운 "하늘에 있는 악의 영"들은 주로 나로부터 조상 삼사 대가 지은 죄로 인해 들어온 것이 가장 많다.

우상숭배의 죄가 아버지로부터 자손 삼사 대까지 내려간다는 하나님의 말씀은 성경 그대로였다.

나는 지난 2월에 우상숭배 죄를 회개하다가 두 가지 환상을 보았다. 하나는 눈물로 통곡을 하며 제사 지낸 죄를 회개하고 있는데 주님께서 내가 고백하는 회개문 글자 한 자 한 자를 밟고 지나가시며 그 죄의 고백을 받아 주시는 장면이었다. 그리고 다른 하나는 십자가가 70도 각도로 비스듬하게 서 있는데 우리 선조들이 그 십자가 밑에서 십자가를 등지고 제사를 지내고 있는 모습이었다. 등만 돌려 고개를 들어 쳐다보면 십자가를 보게 되는데 그것을 깨닫지 못하고 제사를 지내고 있었다. 그 모습을 보니 더 간절한 통곡이 마음 깊은 곳에서부터 솟아올랐다. 하나님께서 내가 마음을 담아 가슴 아파하며 고백하는 회개를 받으시고 점차 압해 정씨 가문 27대가 지은 죄를 용서해 주시고 나와 우리 가정에 임했던 저주를 끊고 계심을 확신하게 되었다.

나는 나의 몸에 있으며 나를 지배하고 있는 악한 영들, 내 바로 위 공중에 실제로 존재하며 내 삶에 악영향을 미치는 세대 위의 영들, 또 내가 가는 앞길을 훼방하고 여러 방면에서 고통과 저주를 주는 악한 영들을 제거하기 위해 계속 회개하고 또 회개할 것이다. 영적 원칙은 죄를 지은 만큼 회개해야 그 때 들어온 영들이 나가는 것이지만 주님께서는 나와 우리 조상들이 지은 죄의 양과 그 죄질에 비하면 이미 더 많이 용서해 주고 계셨다. 나는 앞으로 끝까지 회개하여 사탄의 훼방을 이기고 하나님께서 성경에서 약속하신 축복을 진정으로 누릴 수 있게 되기를 기대한다. 무엇보다도 내가 어떤 사람으로 발전해 있을지가 가장 기대가 된다. 그리고 내가 그리스도의 장성한 분량에 이른 모습이 어떤 모습일까를 상상해 본다. 그 상상과 기대만으로도 정말이지 너무나 즐겁고 기쁘다.

chapter 12

아직 끝나지 않은 사탄과의 싸움

회개와 축사 사역을 받고 내 생활 속에서 매일 느끼고 있는 것들과 내가 목회하는 교회, 내가 학장으로 있는 신학원에 이 사역을 접목하기 시작하며 경험한 것들을 나누려한다. 이 사역을 시작하면서 교회를 떠난 이들도 있고 신학원을 그만둔 이들도 있다. 나는 안타까워는 하지만 그들의 행동을 마음에 담아두지는 않는다. 신의 성품에 참여하는 은혜가 모든 자들에게 주어지는 것은 아니기 때문이다. 내 몸 안에 이렇게 악한 영들이 가득한데 나의 신랑 되신 예수님께서 나를 거룩한 신부라고 인정해 주실까.

답을 찾지 못했던 의문이 풀리다

7장 가운데 "가정 심방의 고통(p.118)"에서 내가 성도들의 가정을 심방 했을때 체험한 현상들에 대해 말했었다. 내가 성도들의 가정을 방문했을 때 어떤 집에서는 단순하게 머리가 눌리는 느낌을 받았고 어떤 집에서는 머리에 통증을 느꼈고 어떤 집에서는 머리에 무엇인가를 덮어 쓴 느낌을 받았다고 말했다. 나는 그 당시에는 왜 이런 현상이 나타나는지 몰랐었다. 심방 후 이 증상들을 떨쳐내기 위해 무조건 교회에 들러 그 현상들이 사라질 때까지 기도했다. 어떤 경우는 몇 십분이면 되었지만 대개 세네 시간은 기도를 해야 괴로운 상황으로부터 탈출할 수 있었다. 회개를 하고 영안이 열린 후 비로소 그 이유를 알았다.

영안이 열린 후에 보니, 사람의 몸 안에만 악한 영들이 있는 것이 아니라 지역과 가정 곳곳에 악한 영들이 있는 것이 보였다. 가정 심방을 하면서 머리가 아프거나 눌리거나 무엇인가를 덮어 쓴 것처럼 느꼈던 것은 각 가정에 자리 잡고 역사하던 악한 영들 때문이었다. 예를 들어 어떤 집에서 가족들이 서로 자주 다투고 싸운다고 하자. 그러면 혈기분노의 영, 화목하지 못하게 하는 영, 하나되지 못하게 하는 영, 의견이 일치되지 못하게 하는 영, 자기 주장 내세우게 하는 영 등과 같은 것들을 불러들이게 된다. 그러면 같은 죄를 지을 때 마다 같은 계열의 영들을 계속 불러들여 키우게 되고 집안에 존재하는 악한 영들은 커질수록 그 집에 사는 사람들이 계속 싸우도록 영향력을 행사하는 악순환이 반복되게 된다. 그런데 우리가 집안에서 다투고 싸우기만 하는가. 그렇지 않기 때문에 오랜시간 사람이 거주하였던 공간에는 그 세월 만큼의 죄가 쌓여있다.

이런 악한 영들이 공간에 존재하고 있었는데 내가 새로운 장소를 방문하자 내가 깨끗하지 않으므로 내가 보유한 영들과 비슷한 영들을 내가 불러들여 공격받은 것이었다. 그 정도가 방문하는 집마다 달랐던 이유는 각 장소에 있는 영들의 성격과 양에 따라 다른 것이었다. 물리적으로 영들이 더 많은 곳에 가게 되면 당연히 영들이 더 많이 붙게 된다. 여러분들도 아마 영적으로 어둡고 좋은 않은 장소들에 가게 되었을 때 왜인지 모르게 눌리고 침체되는 것을 느낀 적이 있을 것이다. 나는 당시에 기도를 평균보다 많이 하다보니 더 영적인 상태가 되어 그것들을 좀 더 세밀하게 느꼈을 뿐이다.

영안이 열려 보는 것과 보지 못하는 것은 이렇게 하늘과 땅 만큼의 차이가 있다. 아무리 주님을 사랑한다고 고백할 지라도, 아무리 영적 운동을 하는 사람일지라도, 아무리 많은 은사를 받아 은사 사역을 할지라도, 깊이 회개하여 자신의 몸을 정결하게 하지 않으면 주님께서 각 사람에게 원하시는 수준까지 결코 도달하지 못한다. 그리고 어느 수준까지 영안이 열려 환상은 잘 볼지라도 영분별의 은사로 머리카락처럼 가는 악한 영들의 움직임까지는 고사하고 사람 몸에 있는 영들을 직접 '보는' 사역자를 만나지 못했다. 형편이 이렇다 보니 많은 영적 사역을 하는 사역자들이 쉽게 사람 몸에 손을 대고 안수하고 종국에 가서는 그들의 몸이 병들고 악한 영들에게 눌려 사는 안타까운 일들이 발생하는 것이다.

하나님의 말씀은 언제나 진리이다. "마음이 청결한 자는 복이 있나니 저희가 하나님을 볼 것임이요.(마 5:8)" 이 말씀을 확대하면 마음이 청결해진 사람은 영이신 하나님과 좋은 영인 천사만 보는 것이 아니라 나쁜 영인 악한 영들도 보게 되는 것이다.

천사들도 일을 한다

지금은 다양한 모습으로 보지만 내가 처음 회개하고 사역을 받았을 때는 천사가 나와 함께 있다는 느낌은 받았지만 선명하게 보지는 못했었다. 『영적 천재들 이야기』(한양훈 저, 有하)를 보면 천사를 본 많은 이야기들이 언급되어 있다. 나는 그 중에 한 초등학교 학생에게 이렇게 물었다. "네가 공부할 때 천사들이 어떻게 돕니?" 그러자 그 학생이 대답했다. "수학 문제를 풀 때 제가 못 풀고 있으면 '이렇게 풀면 되지' 하고 가르쳐 주고요, 또 제가 공부하기 싫어할 때 공부하고 싶은 마음을 줘요."

나는 어떤 때는 아주 작은 천사를 보기도 하고 어떤 때는 상당히 큰 천사를 보기도 한다. 무기나 다른 도구들을 들고 있는 모습이 보이기도 했다. 나를 지키는 것이 임무인 내 수호 천사들은 내가 성경을 연구하거나 설교를 할 때도, 차를 운전하거나 다른 일상 생활 중에서도 항상 나와 함께 한다.

"모든 천사들은 섬기는 영으로서 구원 받을 상속자들을 위하여 섬기라고 보내심이 아니냐 (히 1:14)"

사람에게 속한 천사들은 기본적으로 그 사람보다 영적으로 한 단계 밑에 있는 천사들이다. 군대의 계급 사회를 생각하면 이해가 쉽다. 그러므로 내게 속한 천사들이 하나님으로부터 나를 도우라고 보냄

받은 존재이기는 하지만 내가 그들에게 어떤 일을 하라고 명령하지 않는 이상 스스로 알아서 일을 만들어 하지는 않는다. 내가 회개 사역을 처음 시작했을 때 내 천사들은 악한 영들과 잘 싸우지 못했다. 그때까지 성경연구를 도왔을지는 몰라도 세력들과 직접적으로 싸우는 일은 시킨 적이 없어서 그 일은 해 본 적이 없었기 때문이다. 내가 명령의 대상을 보지도 못했는데 어떻게 일을 시켰겠는가. 하지만 어쨌든 지금은 명령하는 일들을 대부분 잘 수행할 수 있다.

천사의 활동을 이야기 하니, 앞에 7장에서 포도원 교회를 개척해 있었던 일들을 쓰면서 남편이 졸지 않는다며 등록한 성도가 떠오른다. 그 자매 집사님의 남편은 왜 다른 교회에서 예배드릴 때는 졸았는데 포도원 교회를 방문하여 예배드릴 때는 두 번 다 졸지 않았을까. 여러 가지 해석이 가능할 것이다. 일단 그때마다 우연이었을 가능성이 있다. 그러나 이것은 그 성도가 교회에 등록하여 줄석하는 동안에도 계속 졸지 않았으므로 우연일 가능성은 없다. 그렇다면 왜 졸지 않았을까?

나는 포도원 교회에서 재직하고 있을 당시에 주변의 몇 교회에 세워진 종탑을 영적으로 본 적이 있다. 마귀들이 무기를 들고 졸고 있었다. 그 마귀들은 왜 졸았을까. 할 일이 없어서 졸고 있었다. 그런데 포도원교회 밖 주변에는 많은 마귀들이 분주하게 오가는 것을 보았었다. 그들은 왜 무리를 지어 바쁘게 움직였을까.

교회의 모든 성도들이 한 명도 빠짐없이 하루에 최소한 2시간 이상 기도하고 깨어있었기 때문이라고 생각한다. 최대 백 명의 성도들이 교회 안에서 낮이고 밤이고 가리지 않고 기도하였을 때 원래 그 장소 안에 있던 악한 영들이 견디지 못하고 밖으로 조금씩 밀려났을 것이다. 회개 기도를 하여 영들을 더 멀리 떠나보낸 것은 아니었을지 몰라도 그만한 인원이 그렇게 크지도 않은 한 장소에서 그만큼 기도했으면 그럴 수 있다고 본다.

그랬기 때문에 그 남편 집사님은 당시 포도원 교회가 다른 교회들보다 악한 영들이 적어 영적으로 눌리지 않았기 때문에 안 졸았을 것이다. 그리고 악한 영들이 밀려난 만큼 예배를 드릴 때 천사들이 활동할 수 있는 공간이 생겼기 때문이라고 생각할 수 있다. 성령께서도 악한 영들이 있는 자리에는 운행하시지 않는다. 그러니 아마 공간이 생긴 천사들이 그 성도가 졸지 않고 말씀을 공급받을 수 있도록 더 활발히 도왔을 것이다.

악한 영이 붙는 것을 느끼다

쓴뿌리 제거 사역을 받고 나서 몸이 더 깨끗해지고 나자 집, 교회, 길거리에서 무엇인가가 얼굴에 '척' 걸리는 것을 느낄 수 있었다. 거미줄이 있는 곳을 지나가면 걸리듯이 말이다. 이것들의 정체는 바로 실생활 가운데 주변에 널려있는 악한 영들이었다. 처음에는 까

칠한 질감의 것들만 느껴졌는데 때로는 솜털을 문지르는 것 같이, 거미줄을 덮어 쓴 것 같이 점점 더 다양하게 느껴지기 시작했다. 그리고 처음에는 영들이 눈과 얼굴로만 느껴졌었는데 점차 목, 가슴, 팔·다리, 온 몸으로 느끼게 되었다. 그러더니 시간이 지날수록 이것들이 내 피부를 공격해 찌르고 들어오는 것도 알게 되었고 더 시간이 지나면서는 슬며시 뱀처럼 기어들어 오는 것도 다 느껴졌다. 몸에 닿는 영들의 움직임이 다 느껴지니 그야말로 하루하루가 죽을 맛이었다. 영들이 많은 장소를 어쩔 수 없이 방문하고 돌아오거나 회개하지 않은 사람들을 만나고 돌아오면 너무 힘들어서 그 날은 괜히 회개하고 축사를 받았다는 생각까지 들 정도였다.

그런데 이것이 비단 회개를 깊이 하지 않은 사람에게만 국한된 문제가 아니었다. 가족 간에는 평생토록 같이 살면서 서로 주고 받은 영들이 너무나 많고 또 어떻게 보면 부모된 내가 내 자녀들에게 우리 가문의 죄성을 직접 물려 준 셈이니 서로 보유하고 있는 영들이 똑같아서 정말 가느다란 세력들 밖에 없는데도 그것들이 서로에게 항상 일상적인 불편을 초래하고는 했다.

나는 일산에 있는 어느 학교의 교사인 큰 딸을 위해 아침 6시 30분에 집에서 자동차로 출발해 일산의 백석역까지 태워 주었었다. (지금은 큰 딸이 직접 운전을 한다.) 나는 허리와 어깨, 팔꿈치가 특히 약한데, 악한 영들은 정말 '귀신 같이' 사람의 신체 부위 중 가장 약한 곳을 찾아서 공격했다. 큰 딸이 학교에서 붙은 영들 중 혈기분노의 영들은 이튿날 아침이면 어김없이 나를 공격했다. 그것도 약한 내 오른쪽 팔꿈치 주변을 가장 많이 치고 들어왔다. 혈기분노의 공격은 바늘로 살을 찌르는 것과 같이 아프고 따가웠다. 우리 가문에서 내려온 영들의 특성상 우리 부녀는 '혈기분노'에 가장 취약했는데 내게 아직 남아 있는 혈기분노의 영은 반대로 큰 딸을 공격했다.

    내가 악한 영들을 어떻게 느끼는지 설명하면 많은 사람들이 십중팔구 너무 불편하지 않느냐고 물어본다. 당연히 불편하다. 하지만 역으로 생각해 보면 이렇게 사탄의 수하들이 우는 사자와 같이 주변에 항상 널려있는데 생활이 편하기만 하다면 그것은 더 큰 문제가 될 수 있다고 생각한다. 그렇기 때문에 상황이 이렇다 할지라도 회개하기 전의 자리로 돌아갈 수는 없다. 내 영혼과 육체가 점점 정결해져 하나님의 형상을 회복해가는 과정인데 생활에서 불편함이 있다고 예전으로 돌아갈 수는 없는 것이다.

악한 영이 만져지다

2014년 2월, 우리 교회에 출석하는 학생이 귀가 잘 안 들린다며 기도를 부탁해 왔다. 귀를 들여다보니 작은 벌레들이 가득 차 있는 것이 보였다. 몇 번 말로 떠나라고 명령했다. 별 차도가 없어서 손으로 양 귀를 감싸 안았고 그것들을 잡았더니, 눈에만 보였던 그 벌레들이 손에 잡혔다. 그 순간 나는 '윽! 이게 뭐야?' 하며 집어 던졌다.

그 느낌은 마치 작은 지렁이를 잡았을 때 손에서 꿈틀거리는 것 같았다. 악한 영, 마귀는 글로만 보았고 말로만 들었는데 눈에 보이고 손에 잡히는 게 아닌가! 영을 잡을 수 있었던 이유는 나의 육체가 영을 잡은 것이 아니라 내 안에 있는 속사람의 손이 영을 잡은 것이었다. 나는 악한 영이 지식 속에 개념적으로 존재하는 것이 아니라 실체라는 것을 직접 만지고 더욱 실감했다. 그리고 또 한 가지 놀라운 것을 깨달을 수 있었다.

> "육체의 일은 분명하니 곧 음행과 더러운 것과 호색과 우상 숭배와 주술과 원수 맺는 것과 분쟁과 시기와 분냄과 당 짓는 것과 분열함과 이단과 투기와 술 취함과 방탕함과 또 그와 같은 것들이라 전에 너희에게 경계한 것 같이 경계하노니 이런 일을 하는 자들은 하나님의 나라를 유업으로 받지 못할 것이요. (갈 5:19-21)"

> "음행과 온갖 더러운 것과 탐욕은 너희 중에서 그 이름조차도 부르지 말라 이는 성도에게 마땅한 바니라 누추함과 어리석은 말이나 희롱의 말이 마땅치 아니하니 오히려 감사하는 말을 하라 너희도 정녕 이것을 알거니와 음행하는 자나 더러운 자나 탐하는 자 곧 우상 숭배자는 다 그리스도와 하나님의 나라에서 기업을 얻지 못하리니. (엡 5:3-5)"

성경에 하나님의 나라를 유업으로 받지 못하는 죄목에 해당하는 모든 것이 지식 속의 일이 아니라 악한 영이라는 것을 깨달았다. 죄를 짓게 되면 마귀에게 종노릇한다는 말도 문자 그대로 실제였다. 내가 일상생활 중에 화를 내고, 분을 내고, 미워하고, 다투고 하는 모든 행동이 내가 내 지체를 의의 병기로 내어주지 못하고 마귀에게 순종하여 불의의 도구로 내어준 행동이었다.

지식적인 신앙이 성도들에게 가져다 줄 재앙이 온 뇌리에 가득해졌다. 사람의 영혼과 육체를 지배하는 악한 영들을 제거하지 않고 예수만 믿으면 구원받는다는 가르침이 가져다 줄 재앙이 눈에 선했다. 물론 예수를 믿고 자신을 정결케 하기 위해 힘쓰는 사람들이 구원에 참여하는 것은 당연하다. 그러나 대부분 형식적인 종교생활을 하고 있으니 정말 큰 일이라는 생각이 들었다. 나는 이 사건이 있은 후에 성도들에게 철저하게 회개할 것을 강권했다.

회개 사역을 시작하다

처음에 기초적인 회개를 하고 영안을 여는 기도를 받으면 대부분의 사람들은 정말 환상이 TV화면을 보는 것 같이 잘 보이고 영의 귀가 활짝 열려서 잘 듣게 되는 줄 안다. 물론 그런 사람도 전혀 없지는 않을 것이다. 그러나 한양훈 목사님의 표현을 빌리자면 처음 영안이 열릴 때는 '병아리 눈' 만큼 열린다. 나 역시 마찬가지였다. 처음 훈련을 시작했을 때는 내가 이전부터 받아왔던 영감이나 느낌으로 다가왔다. 정확한 형체 혹은 형태로는 보이지 않았는데 지식의 말씀의 은사로 생각이 떠오르거나 환상의 통로를 통하여 이미지가 느껴졌다. 그러던 것이 계속 훈련받고 회개가 지속되니 조금씩 더 잘 열려서 이것저것이 보이기 시작했다. 때로는 선명하게, 때로는 흐릿하게나마 악한 영들의 형체를 분별하며 사역할 수 있다는 것이 얼마나 감사한 일인지 모르겠다.

처음 사역은 생명의빛 교회 성도들을 대상으로 했다. 우리 교회는 현재 교역자 가정을 제외하면 총 열 가정이다. 아홉 가정은 실로암 사역센터에서의 정규 2개월 훈련과정을 다 받았다. 얼마 전부터는 '쓴뿌리 회개' 진단을 받고 다들 기도하고 있다. 마지막 한 가정은 회개와 축사를 받고 실로암 사역센터 주말 반에서 훈련을 아직 받고 있는 중이다.

회개를 시작하고 부터 모든 성도들에게 개인적으로 변화와 성숙이 일어나고 있다. 이전에는 아무리 목회자가 바꾸어 보려고 노력해도 안되던 일들이 회개를 통해서는 가능해 진 것이나. 더 고무적인 것은 가정 자체가 회복이 되고 있어 가정 내에서 연합과 화목의 역사들이 일어나고 있다는 점이다. 기쁘고 감사한 마음으로 회개와 축사에 참여하게 되면, 회복과 성숙이 있음을 널리 알리고 싶다. 다음은 사역 중 있었던 몇 가지 이야기다.

촛불이 보이다

매주 토요일, 교회에 속한 성도들을 위해서 단체 사역을 한다. 어느 날 네 명의 성도들을 대상으로 사역하고 있었다. 성도들이 회개하는 동안 몸에서 보이는 영들을 명령만으로 불러내며 축사를 했다. 그런데 한 권사님을 보는 순간 촛불 두 개가 어깨 위에 있는 것이 보였다. 촛불은 제사의 영을 의미한다. 나는 회개를 잠시 중단시키고 그 권사님에게 촛불 두 개가 보인다고 말했다. 내 말을 들은 권사님은 친가·외가 모두 제사를 안 지내는데 촛불이 보이는 것에 대해 의아해 했다. 잠시 후 오빠들이 아직 제사를 지낸다고 말했다.

계속 회개시키고 불러냈더니 촛불의 크기가 조금씩 작아지는 것이 보였다. 촛불이 점점 작아진다는 것은 회개가 된 만큼 사역자가 불러냈을 때 몸에 들어와 있던 악한 영들의 일부가 떠난다는 것을 의미한다. 사역을 할 때 사람들이 기대하는 것 만큼 영들이 바로 없어지지는 않는다. 지은 죄의 양을 생각한다면 당연한 이야기다. 모든 영들은 지속적으로 회개하고 사역을 받아야 떠나간다.

욕심의 영이 보이다

어느 날이었다. 우리 교회에 등록한 성도는 아니지만 사역을 받으러 온 집사님이 한 명 있었다. 그분을 위해 사역하는데 왼쪽 발목에 송곳이 있는 것이 보였다. 사역을 중단하고 왼쪽 발목이 아프냐고 물어보았다. 왼쪽 무릎, 발목이 아파서 걸음을 제대로 걷지 못하고 활동하기도 불편하다고 대답했다.

영들이 박혀있는 것이지만 발목은 온 몸의 힘이 가중되는 부분이다. 그곳에 악한 영이 송곳처럼 박혀 있으니 어떻게 안 아프겠는가. 영과 육은 하나이기 때문에 영적 실체가 육체에 직접적인 영향을 미친다. 그 영의 정체는 가슴에 있는 것과 동일한 영이었다. 바로 '욕심의 영'인데 몇 개월을 불러내도 그것들이 제거되지 않고 있었다. 그 이유는 간단했다. 본인이 그것을 깨닫고 죽을 각오로 회개하고 정말로 벗어나기를 원해야 하는데 그렇지 않기 때문이었다. 사실 욕심을 내려놓기란 쉽지 않은 일이다. 그러나 정말로 거룩해지기를 원한다면 그 죄를 미워하고 버릴 각오가 있어야 한다. 그렇지 않으면서 사역자에게 축사를 받는 것으로 해결하려고 한다면 영들은 절대 나가지 않는다. 이것은 아무리 영권이 높은 사역자가 사역을 해도 마찬가지다.

사역하며 본 환상들을 이야기하려면 끝이 없다. 왜냐하면 사역을 할때마다 보면서 사역을 하기 때문이다. 위에 적은 촛불이 보이는 경우, 부처가 보이는 경우, 꽃 내지는 무당의 형체가 보이는 경우는 우상숭배의 영향으로 들어온 것들이다. 이 뿐만 아니라 사람의 몸 안에는 혈기분노, 교만, 음란, 쾌락, 유흥, 시기질투, 불평불만,

의심, 욕심, 두려움, 걱정근심 등 수 없이 많은 영적 실체들이 있다. 이것들이 온 몸 구석구석에 뿌리를 내리고 진을 치고 있으니 어찌 몸이 건강하겠는가. 지속적으로 회개하고 사역을 받으면 건강도 회복될 수 있다.

파열된 디스크가 치료되다

어느 날 우리 교회의 한 부부 중, 남편 집사님으로부터 전화가 걸려 왔다. "목사님, 아내의 척추 디스크가 파열되서 모레 월요일에 수술 날짜를 잡았습니다." 내가 놀라 물었다. "아니, 왜 갑자기 그렇게 되었어요?" 집사님이 대답했다. "허리가 아픈 상태에서 아침에 일어나면서 재채기를 크게 했는데 그 순간에 무리가 간 모양입니다." 내가 다시 대답했다. "일단 내일이 주일이니까 무리해서라도 교회에 함께 오세요."

주일 예배를 마치고 지체들과 함께 기도를 했다. 나는 회개 사역을 하면서부터는 성도들의 몸에 손을 대지 않고 기도한다. 그러나 이 날은 너무나 급박한 상황이라 내게 붙을 것을 각오하고 손을 대어 기도했다. 그리고 집사님 부부는 일단 수술을 뒤로 미루기로 결정했다. 그 다음 주일에 한 번 더 기도했다. 아내 집사님은 반듯하게 눕지 못했는데 그 주일 이후로는 반듯하게 누울 수 있게 되었다. 그리고 마음에 낫겠다는 확신이 들었다. 한 주일 더 축사를 하고 안수기도를 했다. 그러자 그 집사님은 1년이 지난 지금도 아무렇지도 않게 건강한 몸으로 하나님과 교회를 잘 섬기고 있다.

의사의 오진을 바로잡다

어느 집사님이 한 주 교회에 출석하지 못했다. 그 이유는 결혼한 딸이 낳은 외손녀를 돌봐주며 무리를 했는데 목욕탕을 갔다가 넘어져서 디스크 파열이 일어났기 때문이었다. 그 집사님의 사위는 의사이고 딸도 의학전문대학원을 다니고 있는 중이었다. 의학적인 지식으로는 당장 수술해야 했다. 그래서 집사님은 수술 날짜를 먼저 잡았다. 나는 우리 교회의 성도이기에 수술 하는 날이 되기 전에 교회에서 아픈 집사님을 자세하게 진단해 보았다.

영안을 열어 집사님의 디스크를 자세히 들여다보니 디스크 파열이 아니라 돌출로 보였다. 디스크가 완전히 탈골된 것이 아니라 정상적인 자리에서 약간 삐져나와 탈골이 되었고 그것이 신경을 눌러 통증이 심한 상태로 보였다. 예수 그리스도의 이름으로 사역을 하고 이 집사님도 급한 케이스라 손을 대고 기도를 해주었다.

집사님은 수술 날짜를 잡아 놓은 상태에서 다른 병원을 찾아 다시 진찰을 받았다. 첫 번째로 간 병원에서 진단한 대로 디스크 파열이 아니었다. 내가 본 대로 디스크 탈골이라고 밝혀졌다. 이번에 간 병원에서는 수술을 하지 않고 약물치료와 물리치료를 받는 것이 좋겠다는 의사소견을 받았다. 두 차례 축사 사역과 안수기도를 하자 탈골된 디스크는 제 자리로 들어갔고 통증도 사라졌다.

이 집사님은 딸의 권유와 급한 마음에 수술 날짜를 먼저 잡았다가 이내 평정심을 되찾고 급하게 수술을 받으려던 결정을 번복하고 물리치료와 사역받기를 선택했다. 그 결과, 수술을 하지 않고도 일상생활을 잘 하고 있다.

어깨가 아파 고개를 못 돌린 집사님

우리교회에 다른 집사님 한 명이 어느 때부터 좌우로 고개를 잘 돌리지 못했다. 고개만 돌리는 것이 아니라 어깨까지 함께 돌리는 부자연스러운 모습이었다. 본인에게 무슨 일이 있었는지 물어보지 않고 원인이 무엇인가를 살펴보았다. 조상 숭배로 인한 제사의 영들이 어깨를 휘감고 있었다. 내가 왜 갑자기 오른쪽 어깨가 아프게 되었냐고 물어보자 얼마 전에 문중산을 다녀왔다고 했다. 조상들의 묘 이장을 돕기 위해 가서 어느 묘석을 들었을 때부터 어깨가 아프기 시작했다고 했다.

이 집사님은 평소에도 어깨에 약간 문제가 있었는데 본인이 고통을 느끼지 못하고 불편하다고 느끼지 못하는 상태였다. 그런데 묘석을 드는 순간 그 돌에 있던 조상들 세력이 약한 곳을 공격하여 기존에 있던 것들과 합세하여 문제를 일으킨 것이었다. 사람의 육체든 속사람이든 단 한 번으로 인해 큰 문제가 일어나지는 않는다. 둑에 한 줄기 균열이 조금씩 확대되어 어느 순간에 터져버리듯이 어느 한계점에 도달해야 문제가 드러난다. 그렇기 때문에 매일매일 조금씩 쌓이는 악한 영들을 간과하고 쌓아두면 언젠가는 큰 탈이 생긴다. 한 번 회개 과정을 거쳤더라도 조금씩 불러들이는 세력들을 회개하고 사역을 받음으로 제거해 버려야 한다.

영들의 출처를 보다

얼마 전에 한 권사님의 쓴뿌리 제거 사역을 했다. 친가를 먼저 사역하고 외가 2대째 사역을 하고 있었는데 두 여자의 얼굴이 보였다. 쓴뿌리 제거 사역은 가능하면 하던 사역을 중단시키지 않고 연속해서 하는 것이 좋기에 일단 외가 2대에 해당하는 영들이 다 나올 때까지 기다렸다가 물어보았다. "권사님, 조금 전 외가 2대를 사역할 때 두 명의 여자 얼굴이 보였어요." 권사님이 내 말을 받아서 말했다. "외할머니가 두 분이셨어요. 처음 할머니가 일찍 돌아가시자 외할아버지가 다시 장가를 가셔서 새 외할머니가 들어 오셨어요."

　　내가 본 것은 권사님의 실제 외할머니들의 얼굴은 아니다. 그들에게 살아생전 역사했던 악한 영들이 두 외할머니의 얼굴을 하고 있는 모습을 내가 본 것이다. 두 사람의 얼굴이 보였으니 그 두 사람으로부터 들어왔다는 뜻이었다. 사람의 몸 속에 있던 영들은 그 사람이 죽으면 일부는 후손들에게 들어가고 일부는 죽은 사람의 시신에 남아있고 나머지 일부는 공중을 떠돌게 된다. 권사님의 경우는 원래 할머니로부터 물려받은 영과 나중에 들어온 새할머니의 세력이 함께 모습을 드러내고 떠난 것이라고 생각한다. 나는 이때까지 세력들을 사물의 형태나 뱀의 모습으로는 보았어도 얼굴로는 처음 보았다. 안봤으면 모르겠지만 보게 되었고 그것을 권사님이 직접 확증해 주었다.

　　　나 역시 쓴뿌리 사역을 받았기 때문에 알고는 있었지만 사람들 안에 이렇게 자범죄 뿐만 아니라 조상들에게 역사했던 영들도 많이 들어와 있음을 내 눈으로 직접 확인하니 감회가 달랐다. 그리고 쓴뿌리 사역을 할 때는 평소와 다르게 영들이 정말이지 끊임없이 나왔다. 그러다보니 나는 '도대체 사람의 몸에는 악한 영들이 얼마나 들어와 있는 것일까' 하는 생각이 들게 되었다. 그토록 열심히 최선을 다해 회개했고 지금도 계속하고 있는 내 몸에서 영들이 아직까지도 끊임없이 나오는 모습을 보면 우리 모두가 바울이 고백했던 바와 같이 스스로 "죄인 중의 괴수"라고 고백하지 않을 수 없다.

'한恨'을 회개하자

우리 민족은 예로부터 무슨 억울한 일을 그렇게 많이 당하며 살아왔는지 마음에 담아둔 한이 너무나 많다. 회개 사역을 하다보니 사람들마다 가슴 속 깊이 꾹꾹 눌러두어 쌓아 둔 것들이 많았다. 쌓인 것이 그 정도가 심하면 심할수록, 억울한 일을 많이 당하면 당했을수록 그 사람으로 하여금 스스로 자유를 누리지 못하도록 막는 결정적인 역할을 했다. 본인이 죄를 짓는 시발점이 되어 죄를 지은 것이 아니라 받은 상처에서부터 죄가 출발했기에 안타까운 마음이 들어 이 내용을 썼다.

6장에서 어느 권사님의 가슴에서 반달 모양의 칼이 보인 사건을 기억할 것이다.(p.91) 그 권사님은 함께 살던 아들 내외가 아파트 명의를 이전해 주기 전까지는 간이고 쓸개고 다 내줄 것처럼 잘 해 주더니 명의를 이전해 주자마자 자신을 집에서 내쫓아 큰 상처를 받은 이후부터 밥을 한 숟가락만 먹어도 소화제를 꼭 먹어야 했다. 권사님이 이렇게 된 이유는 자신을 속인 아들 부부를 죽이고 싶을 만큼 그들을 미워하며 마음과 생각으로 죄를 지었을 때 들어온 악한 영들 때문이었다.

그 일이 언제 일어났는지는 정확히 모르겠지만 하나님께서 치료해 주시기 전까지 상당한 시간 동안 그들을 미워하며 살았음이 틀림없다. 권사님의 가슴에서 그 영들이 '칼'로 보였다는 것은 그만큼 오랜 시간 누적되어 모인 강한 세력이라는 뜻이다. 죄를 지으면 악한 영이 들어오고 악한 영은 영적으로 질량과 무게가 있는 '실체'라는 것을 앞에서 이미 설명했다. 이처럼 강한 영이 가슴 속에 있는데 당연히 소화가 잘 될 리 없었다.

아마 여러분들도 권사님의 이야기를 읽었을 때 '뭐 이런 나쁜 놈들이 다 있어' 하고 넘어갔을 것이다. 그리고 그 권사님이 안됐다고 생각했을 것이다. 나 역시 당연히 아들 부부가 잘못했고 권사님이 안타깝다고 생각했다. 하지만 아무리 상대방이 악한 행동을 했다고 할지라도 그것이 내가 하나님 앞에서 죄를 짓는 정당한 이유는 될 수 없다. 죄를 짓는데 '정당한' 이유란 하나님 사전에 존재하지 않는다. 죄는 죄이고, 악한 영들도 사정 봐가며 들어오고 들어오지 않는 것이 아니다. 내가 아무리 억울한 일을 당하였어도 내가 상대를 향해 혈기를 부리고 미워하면 그 영은 나에게 들어온다. 나에게 들어와 나를 괴롭게 하는 것이지 상대를 괴롭게 하지 않는다. 그러니 이유 여하를 막론하고 죄를 지으면 그것은 무조건 내 손해다.

상대가 지은 죄의 대가는 그들이 직접 받을 것이니 내가 그들을 심판하여 직접 벌 주려고 하면 안된다. 그것은 하나님께서 하실 일이다. 그런데 하나님의 자리에 내가 앉아 다른 사람을 판단하고 미워했다면 그것은 교만이다.

억울한 일을 당하고 많이 참으며 살아온 사람들은 '나는 잘못한 것이 없다. 내가 힘든 것은 다 그 사람 때문이다'라는 생각을 가지기가 쉽다. 문제는 그렇게 생각했을 때 교만의 영이 많이 들어온다는 것이다. 그래서 오히려 상처를 받고 피해를 당했다고 생각하는 사람들이 더 자신의 죄를 인정하려 하지 않아 회개가 잘 되지 않는 경우를 여럿 보았다. 그런 생각이 은연중에라도 자리잡고 있으면 회개가 잘 되지 않는다. 진실된 회개는 나의 죄성을 깊이 통감할 때 가능하기 때문이다. 내가 지은 죄는 나의 잘못으로 '빨리' 인정하고 깊이 회개하여 악한 영들을 쫓아내는 것이 내가 사는 길이다.

하나님께서 선악과를 따먹은 아담과 하와를 책망하셨을 때 아담은 하와를 탓했고 하와는 뱀을 탓했다. 나에게도 뼈아픈 말이지만 내 죄의 원인을 다른 사람의 잘못으로 돌리는 것은 하나님 앞에서 내가 한낱 원죄를 가지고 태어난 죄인이라는 사실 밖에는 증명해 주지 않는다. 그 권사님도 그런 원통한 일을 겪은 후에 '저 나쁜 놈들, 저 죽일 놈들' 하고 아들 부부를 미워하지 않았더라면 아마 권사님이 자신이 아프게 되는 일은 없었을 것이다.

chapter 13
더 깊은 영성으로 주님과 동행하다

내가 걸어온 신앙생활 여정 40년은 크게 다섯 부분으로 나누어 볼 수 있다. 그 시작은 일반 그리스도인들처럼 교회 안에서 가르치는 대로 배우며 봉사하는 삶이었다. 두 번째는 제자훈련을 받고 제자훈련가로 약 10년을 활동한 것이다. 세 번째는 같은 기간 동안 기도생활에 전념하여 각종 은사들을 체험하고 사역한 것이다. 네 번째는 미국에서 혁신적인 교회성장 이론을 공부하고 한국으로 돌아온 후 전통적인 교회에서 만 10년을 목회한 기간이다. 은사를 접목한 사역을 하다가 반대에 부딪혀 심적으로 방황하며 보냈다. 그리고 마지막 다섯 번째로 회개가 바탕이 된 목회와 사역을 하고 있다.

앞의 네 가지 사역도 그 나름대로의 장점들이 많다. 그러나 앞의 방법들로는 나의 생각, 감정, 의지 그리고 인격이라고 할 수 있는 성품 혹은 '타고난 성질'에 거의 변화가 없었다. 그 동안 내가 가장 크게 내세울 수 있었던 열매는 은사를 통해서 많은 사람들의 몸이 치유를 받았다는 것, 그리고 성령께서 항상은 아니었지만 말씀을 생각나게 해 주시고 해석해 주셨다는 것이다.

이제 불과 1년 8개월, 회개에 기초한 신앙생활을 하고 있다. 그런데 이 짧은 기간이 지나간 40년보다도 나 개인에게 훨씬 큰 변화와 성숙을 선물했다. 이 은혜를 독자들과 함께 나누고 싶다.

주님께서 일상 가운데 함께 하신다

목사로서 부끄러운 고백을 할 수밖에 없다. 나는 전에 제자훈련가로 사역할 때 주간 일정표를 꼼꼼하게 짜서 철저하게 지켰었다. 많은 사람들이 나에게 "목사님, 그렇게 살면 숨막히지 않으세요?"라고 물었다. 외부에서 보기에는 그랬을지 모르지만 사실 나는 전혀 숨막히지 않았다. 오히려 그것이 긴급한 횡포로부터 나를 보호해 주었다. 지금 돌아보면 그 모든 것은 나의 의지력을 동원하여 한 것이었다. 물론 처음에는 마음에 지켜야 한다는 부담이 되기도 했지만 그것 마저도 습관이 되고나니 시간 계획을 세우고 실천하는 것이 일상적이고 자연스러운 것이 되었다. 그러나 나는 이렇게 사는 동안 가장 중요한 부분을 놓치고 있었다. 그것은 바로 주님을 바라보지 않았다는 것이다. 나는 그저 나의 일을 열심히 했을 뿐이고 일반적인 하나님의 뜻을 실현하기 위해 열심히 달려왔을 뿐이었다. 그래서 평소와 같이 바쁘게 일하지 않고 있으면 마음이 어딘가 불안하고 쉬면서도 쉼을 누리지 못했었다.

지금은 회개에 기초한 개인적 신앙생활과 목회, 신학원 사역, 책 집필을 동시에 하고 있어 오히려 이전보다 더 많은 일을 감당하고 있지만 이전과는 분명히 다르다. 매 시간, 매 순간 마다 주님을 바라보려고 노력하고 있다는 면에서 확연히 차이가 난다.

나는 매일 아침 6시면 집에서 나와 차로 10분 거리에 있는 교회의 내 서재로 향한다. 집을 나서면서 주님을 생각하고 차를 운전하면서 주님께 말을 하고 또 나의 몸 안에 아직도 해결되지 못한 영들을 회개하며 간다. 교회에 도착하면 주님께 내 서재 안에 있는 영들을 쫓아내 달라고 요청하고 얼마간 사역을 한다. 그리고 나머지 오전 시간 동안을 내가 직접 지은 죄와 우리 세대가 범한 우상숭배를 회개하며 시간을 보낸다. 처음 회개문을 받아들이고 회개했을 때는 너무 막연하여 아무것도 생각나지 않았고 주님이 보이지도 않았다. 해오던 습관대로 정한 시간 만큼 나의 의지로 그냥 회개문을 읽었다. 그러나 요즘은 다르다. 똑같이 회개 기도를 해도 내 앞에 계시는 주님을 바라보며 한다. 가끔씩 서서 기도하면은 주님께서 앞에 걸어가시고 나는 뒤 따라 교회 안을 돌면서 주님께서 계신 것을 인식하며 회개 기도를 한다.

점심 식사와 저녁 식사 직후에는 각각 1시간 동안 교회 성도들과 신학원 학생들이 떨어뜨리고 간 영들을 대적하고 그 죄들을 용서해 달라고 회개한다. 이때도 서재에 도착했을 때처럼 주님께서 도와주실 것을 요청하고 주님을 의지해서 사역한다. 그 영들이 느껴지는 대로, 혹은 그 영들의 실체가 분별 될 때는 그 영들의 이름을 부르며 주님께서 나와 그 영들 사이에 서달라고 부탁을 드린다. 이렇게 식후에 교회의 영적 청소를 하고 나서 나머지 오후와 저녁 시간은 강의와 설교 준비, 그리고 책의 원고를 쓰는데 할애한다. 강의 준비를 위해서 성경 본문을 읽을 때 주님께 이렇게 질문한다.

"주님, 이 성경 말씀에서 주님께서 가장 하시고 싶은 말씀은 무엇이죠?"

이렇게 질문을 던지고 성경 말씀을 연구하면 내가 의도하지 않아도 말씀의 방향이 잡힌다. 컴퓨터 자판으로 글을 써나가기 시작하면 전혀 이해되지 않던 말씀들이 저절로 '이런 의미이다'라고 쳐진다. 나의 팔과 손에 지혜와 지식의 말씀의 은사가 있어서 이런식으로 나타나는 것 같다. 책을 집필 할 때도 이와 동일한 역사들이 계속 일어난다. 생각하고 있으면 머리만 아프고 무슨 의미인지 이해가 잘 안되는 말씀이라도 타이핑을 하면 내 나름대로 이해되는 글이 쓰여 진다. 그러면 나는 "주님, 이런 의미였나요?" 하고 다시 묻는다. 주님께서 항상 대답하지 않으시더라도 질문하고 혼자서 좋아하며 다음으로 넘어간다. 내가 이런 질문을 던질때 주님께서는 들으시고 미소를 지으신다.

책을 읽고 정리해야 할 필요가 있을 때에도 주님께 묻는다. 일단 책을 읽고 나면 필요한 내용들만 간추려져서 머리에 남는다. 그것은 아직 저자가 쓴 내용을 기억한 것에 불과하다. 이때에도 역시 주님께 질문한다.

"주님, 이 책에서 학생들에게 가장 전하고 싶은 것은 무엇이죠?"

그리고 나서 성도들이나 학생들을 바라보면 그 책의 내용이 어떻게 전해져야 하고 또 어떻게 적용되어져야 하는지 깨달음을 주신다. 나는 이런 준비 과정을 거쳐 '생명의빛교회'에서 설교를 하고 내가 학장으로 있는 '올리벳선교신학교' 서부캠퍼스에서 강의를 한다. 나는 나름대로 성경을 많이 읽고 책도 많이 읽었다고 자부했던 사람인데도 불구하고 이렇게 준비된 내용들을 보면 나도 처음 접하는 새로운 해석들이 거의 대부분이다. 나 스스로 해놓고도 참 신기할 따름이다. 전에는 피상적으로 알았던 말씀들이 구체적으로 이해된다고 표현해도 좋을 듯하다.

    두란노서원에 근무할 당시 리차드 포스터 목사님이 집필한 『신앙고전 52선』을 내가 번역하여 연재했었다. 그 중 어떤 분이 자신은 하루 24시간 주님을 생각하고 주님과 동행한다고 쓴 내용이 있었는데 번역을 하면서도 속으로 웃으며 불가능하다고 생각했었다. 그런데 그 분 이야기가 현실에서 가능한 사실인 것을 내가 요즘 몸소 경험하고 있다. 나는 아직도 많이 부족한 것을 안다. 그럼에도 불구하고 온 종일 주님과 동행하며 사는 기쁨을 누리고 있다. 주님을 생각하는 것이 세상에서 가장 즐겁고 평안하다.

진리 안에서 진정한 자유를 누리다

나는 예수님께서 포로 된 자를 자유케 하시고 눈 먼 자를 다시 보게 하시고 눌린 자를 자유롭게 하신다는 사실을 잘 알고 있었다. 그러나 회개와 축사를 접하기 전까지는 어디까지나 이론적인 지식으로만 알고 있었다. 기도에 올인 하였을때 어떤 이야기를 들어도 곱씹지 않게 된 사건을 적었었다. 그런 몇몇 기억할만한 경험은 했어도 지금처럼 많은 영역에서 자유를 누리지는 못했다.

지난 1년 동안 몇 가지 동요를 일으킬 만한 일들이 있었다. 앞 장에서 말했듯이 회개와 축사 사역에 동참하지 못했던 몇 사람이 교회를 떠났고 신학교 학생들도 몇 명이 그만두었다. 그리고 몇 년 전에 내게서 돈을 빌려간 사람이 있었는데 계속 갚는다는 말만 되풀이하고 지난 1년 동안 단 1원도 갚지 않았다. 나는 회개하고 사역을 받는 동안 내 안에 있던 걱정과 근심, 불안, 두려움의 영들이 점차 떠나가는 것을 경험했는데 이것들이 떠나가면서 예전과는 달리 이런 일들을 만나도 담담한 마음 상태를 유지하고 있다. 이 글을 쓰고 있을 때에도 어떤 성도가 교회를 그만 다니기로 결정했다는 이야기를 들었다. 그런데 그 말을 들어도 이상하리만큼 걱정이 안 되고 마음이 계속 평안하다. 왜 그럴까. 이것은 내가 무관심하기 때문이 아니다. 내가 흔들리지 않을 수 있는 이유는 하나님과 그 분의 말씀을 전적으로 신뢰하고 의지하기 때문이다. 그리고 내 삶을 이끌어가시는 하나님께서 살아계신 것을 알고 있다.

"진리를 알지니 진리가 너희를 자유롭게 하리라.(요 8:32)"

하나님의 말씀이 진리라는 '사실'을 지식적으로 안다고 해서 이런 역사가 일어나는 것이 아니다. 내 안에 있던 불안과 초조, 걱정과 근심 등의 영이 쫓겨나고 진리의 말씀이, 하나님께서 나를 사로잡으시면서 내가 전적으로 주님을 바라보고 의지하게 만들기 때문에 자유롭게 되는 것이다. 내가 자유하려고 노력한다고 해서 자유를 얻게 되는 것이 결코 아니다. 하나님께서 나를 자유롭게 하고 계시기 때문이다.

아직은 더 깊이있게 영적 실상을 파악하지 못해 나를 둘러싼 세상이 더 많이 보일 때가 있다. 그런 순간에는 사탄이 틈을 놓치지 않고 생각 속에 문득 염려를 일으킨다. 그러나 그것은 순간일 뿐이다. 나는 곧 현존하시며 나와 함께하시는 하나님께 다시 내 시선을 돌린다. 그러면 이내 평강이 나를 관통하고 나는 자유하게 된다.

말씀이 삶에서 실제가 되다

나는 맨 처음에 밝힌 바와 같이 신학과 제자훈련으로 신앙의 뿌리를 내렸다. 열심히 성경 공부를 했을 때 그 말씀이 나에게 얼마간은 힘을 주었다. 그렇지만 지속적으로 그 은혜를 주지는 못했다. 나는 배운 말씀대로 살기 위해 결단하고 또 결단했고 그렇게 살기위해 정말 피나는 노력을 했는데 그 노력의 십 분의 일 만큼도 열매를 얻지 못했다.
그러나 회개하고 있는 지금은 말씀이 살아 움직이는 '실제'임이 하루 하루 명확해 진다. 혈기가 많은 것이 사람의 '성격'이 아니다. 그것은 영적 실체인 '혈기분노의 영'이 나를 지배하고 있기에 그것의 종노릇을 하면서 계속 혈기를 부리게 되는 것이다. 우울이나 외로움, 걱정과 염려, 불평과 불만, 교만 등도 마찬가지이다. 혈기를 일으키는 원인이 되는 영들을 제거하지 않고 의지와 노력만으로 화가 나지 않게 만드는 것은 거의 불가능하다. 하지만 회개하고 그 영들이 내 몸에서 떠나가게 되니 혈기를 통제하고 조절하는 일이 가능하게 되었다. 나는 지금도 혈기분노의 영과 싸우고 있다. 그러나 1년 8개월 전과는 비교할 수 없을 정도로 혈기를 부리지 않는다.

나는 지난주에 내가 과거에 목회 활동을 하고 신학교에서 가르칠 때 학생들이나 교회의 직분자들과 다투었던 것을 회개했다. 기도하는 중에 다음 말씀이 생각이 났다.

> "주의 종은 마땅히 다투지 아니하고 모든 사람에 대하여 온유하며 가르치기를 잘하며 참으며 거역하는 자를 온유함으로 훈계할지니 혹 하나님이 그들에게 회개함을 주사 진리를 알게 하실까 하며 그들로 깨어 마귀의 올무에서 벗어나 하나님께 사로잡힌 바 되어 그 뜻을 따르게 하실까 함이라 (딤후 2:24-26)"

이전에는 '어떻게 사람이 안 다툴 수 있나, 인간인 이상 다투는 것이 당연하다'라고 생각했다. 그런데 갑자기 지도자가 다투는 것이 정상이 아니라는 생각이 불현듯 일어나더니 다툼이 악한 영이란 영감이 들었다. 나는 적지 않게 놀랐다. 다툼은 분쟁에 속한다. 로마서 1장 29-31절을 보면 분쟁하는 자는 하나님에 의해 사형을 언도받는다. 나는 하나님에 의해 사형을 언도받는 행위인 분쟁 혹은 다툼을 해도 괜찮다고 생각한 것이 너무 부끄러워졌다. 다툼과 분쟁에 대해서 더 철저하게 회개해야겠다고 생각했다. 회개하고 이 영들이 떠나가게 되면 다투는 자가 아니라 예수님처럼 화목케 하는 사람이 될 것이다.

계속되는 죄와의 싸움

나는 약간 내성적이면서도 성질이 급한 편이다. 어떤 일이 옳다고 판단이 서면 물불을 가리지 않고 집중해서 돌진하는 스타일이다. 게다가 초등학교 5학년 2학기 때부터 부모님과 떨어져 살면서 스스로 모든 것을 결정하는데 익숙해졌다. 이것이 부정적인 양상을 띨 때는 강한 자기주장과 고집으로 나타났다.

아내는 대학교를 졸업하자마자 일주일 후에 나와 결혼하여 밥도 한 번 해보지 못한 상태로 결혼 생활을 시작했다. 더구나 나와는 기질이 매우 달라 나보다 빨리빨리 하지 못하는 아내를 기다리고 있노라면 너무 쉽게 내 인내심이 바닥을 드러내고는 했다. 나는 점점 아내에게 재촉하는 말을 하거나 짜증섞인 말로 불친절하게 대하기 시작했고 그 이후 지금까지 계속 습관처럼 그렇게 살아왔다. 앞에서 말한 바와 같이 그것은 내가 화를 내는 것이 아니라 마귀가 나를 지배하는 것이다. 내가 하나님의 자녀이고 더더구나 목사인데 어떻게 마귀가 충동질하는 대로 아내에게 짜증과 화를 계속 내야하는가. 예수님께서 이렇게 말씀하셨다.

> "남편들아 아내 사랑하기를 그리스도께서 교회를 사랑하시고 그 교회를 위하여 자신을 주심 같이 하라, 이는 곧 물로 씻어 말씀으로 깨끗하게 하사 거룩하게 하시고, 자기 앞에 영광스러운 교회로 세우사 티나 주름 잡힌 것이나 이런 것들이 없이 거룩하고 흠이 없게 하려 하심이라, 이와 같이 남편들도 자기 아내 사랑하기를 자기 자신과 같이 할지니 자기 아내를 사랑하는 자는 자기를 사랑하는 것이라(엡 5:25-28)"

주님께서 나에게 아내 사랑하기를 그리스도께서 교회를 위하여 자신을 버림과 같이 사랑하고 자기 자신과 같이 사랑하라고 명령하셨다. 나는 지금까지 이 부분에 있어서 내주하시는 성령님의 다스림을 받지 않았다. 예수님을 믿고 하나님의 자녀가 되었지만 여전히 마귀의 지배를 받으며 살았다. 이러한 실상을 알게 된 이후부터 너무 억울하고 분해서 더 열심히 나를 지배하는 혈기분노의 영과 싸우고 있다. 그런데 그것들의 힘도 만만치가 않다. 근신하여 깨어있지 않으면 순식간에 아내에게 신경질을 내고 짜증을 부리고 화를 내고 있는 자신을 발견하게 된다. 그러면 다시 회개하는 시간에 아내에게 화를 냈던 장면들을 생각하며 회개한다. 그리고 아내와 함께 있는 때에 내 고질적으로 부족한 이 영역을 성령님께서 통치해 주시길 간구하고 의식적으로 죄를 짓지 않으려고 무척 애를 쓴다. 이것이 나의 첫 번째 죄와 싸우는 이야기이다.

다른 하나는 '순간'과 싸우고 있다. 이것이 무슨 말인가 할 것이다. 어떤 사건이 발발했을 때 처음부터 큰 문제로 인해 시작되는 경우는 많지 않다. 특히 가정생활과 교회생활, 신학교 사역이 대부분 나에게 있어서는 그렇다. 마귀의 지배는 내 상상 속에서도 일어나고 실제 생활 속에서도 일어난다. 나의 경우, 상상 속에서 일어나는 마귀의 지배는 거의 없다. 빈번하게 일어나는 경우는 어떤 사람의 말을 전해들었을 때, 사람과 대화를 수고받을 때 일어난다. 자동차를 운전할 때에도 순간순간 일어난다.

교회에 있다보면 남편과 아내가, 부모와 자녀들이 인상을 찌푸리며 퉁명스럽게 말을 내뱉는 순간을 목격하게 된다. 나도 똑같이 살고 있으면서도 그것을 보는 순간 마음속에서 판단과 화가 일어난다. 마귀가 지배력을 발휘하는 것이다. 거의 대부분의 경우 속으로만 화를 내고 지나간다. 죄는 겉으로만 드러나는 것이 아니다. 그러면 성도들은 내가 속으로 화를 냈는지 전혀 모르지만 나는 내가 화를 냈다는 사실을 안다.

　　나는 이런 순간과 싸우고 있다. 회피하는 것은 해결책이 아니다. 평상시 회개할 때 이렇게 마음으로 혈기분노 한 죄를 회개한다. 그리고 무엇을 보든, 무슨 말을 듣든 주님의 마음으로 보고 들으려고 매우 주의하며 애를 쓴다. 이렇게 죄와 민감하게 싸우며 영적전투를 하는 것이 힘들지만 조금만 지나고 나면 마음이 더욱 즐거워진다. 왜냐하면 이 발걸음 끝에는 거룩한 신의 성품을 회복한 열매가 기다리고 있고 나의 신랑 되신 주님께서 나를 '거룩한 신부'라 부르시며 혼인 잔치에 참여할 날이 점점 다가오고 있기 때문이다.

동료 목사님이 본 환상을 생각하며

지난 2월에 함께 회개 기도를 했던 어느 목사님이 있다. 첫째 주간 어느 저녁에 그 목사님은 수심이 가득한 얼굴로 자신이 본 환상을 몇몇 목사님들과 함께 나누었다.

　　기도 중 환상 속에 주님께서 나타나셨는데 주님의 발 밖에는 보이지 않았다고 했다. 누구라도 주님을 보게되면 빨리 얼굴을 보이시며 다가와 주실 것을 기대할 것이다. 그런데 주님께서는 그 상태에서 발걸음을 돌려 떠나려고 하셨다. 목사님은 주님께서 이대로 떠나시면 안 된다는 마음에 발을 꼭 감싸 안았다고 했다. 이번에는 절대로 놓아주지 않겠다는 간절한 마음으로 주님께 말했다. "주님, 왜 그냥 가시려고 합니까?" 그러자 주님께서는 아무 대답도 하지 않으시고 계속 발을 빼서 떠나시려고 하셨다. 목사님은 필사적으로 주님의 발을 부여잡고 다시 주님에게 물었다. "주님, 왜 그냥 가시려고 하십니까? 왜 저와 더 오랫동안 함께 있지 않으시고 그냥 떠나려고 하십니까?" 한참 동안 이 실랑이가 계속되었다. 그러자 주님께서 이렇게 말씀하시는 음성이 조용히 들렸다고 했다.

"네가 이렇게 더러운데 내가 어찌 너와 함께 머물 수 있겠느냐."

목사님이 이 환상을 본 날 나는 앞에서 말하였던 환상을 보았다. 내가 눈물로 조상들이 지낸 조상숭배 제사를 회개하고 있을 때 주님께서 내가 읽어가는 기도문 한 자 한 자를 밟고 지나가시는 모습이었다. 이 목사님이 나눈 이야기가 내가 낮에 본 환상과 연결되어 여러 생각이 교차해서 일어났다.

나도 똑같이 디러운데 그것도 모르고 왜 주님께서 자주 나타나시지 않으시냐고, 왜 내가 그렇게 애타게 찾아도 침묵하시냐고 질문하며 지난 1년 6개월 동안 애태웠던 일들이 내 머리 속에 주마등처럼 스쳐 지나갔다.

물론 주님 보기를 갈망해야 한다. 그러나 내가 영육 간에 정결케 되지 않고는 아무리 애써봐야 소용없는 일이다. 주님께서 설령 나타나시더라도 똑같은 말씀을 하시지 않겠는가. 내가 거룩한 신부로 준비되면 주님은 언제든지 오셔서 오랫동안 나와 함께 머물러 계실 것이다. 지금은 항상 주님과 동행한다고는 할 수 없고, 주님을 보아도 선명하게 보이지 않지만 머지않아서 더 뚜렷하게 주님을 보고 언제나 동행하는 삶을 살게 될 것을 기대한다.

회개는 계속되어야 한다

나는 주님과 함께 머물고 싶기에 끝없이 회개한다. 나의 기대가 바람에서 머물지 않기 위해 하나님 앞에 서는 그 날까지 회개를 계속할 것이다. 그리고 우리를 훼방하는 사탄의 수하들을 쫓아내는 사역 또한 계속 할 것이다.

회개를 시작할 당시에는 내 나이 만큼의 세월 동안 쌓아온 몸 안의 케케묵은 죄들을 해결하느라 이곳저곳 아픈 곳이 많았다. 이제는 많이 치유되어 특별히 영들에게 공격받지 않는 한 아픈 곳은 없다. 하지만 타락한 인간의 죄성이란 매우 깊은 것이라 아직도 명주실처럼 가는 세력들이 몸 안에 많이 남아있다. 나는 아무리 약한 세력들이라 할지라도 그것들이 나를 지배하지 않게 될 때까지 회개하여 싸울 것이다. 내가 계속 회개하고 사역해야 할 이유가 최근 로마서를 연구하면서 더욱 분명해 졌다. 로마서 6장 말씀은 나에게 큰 도전을 주었다.

"16 너희 자신을 종으로 내주어 누구에게 순종하든지 그 순종함

> 을 받는 자의 종이 되는 줄을 너희가 알지 못하느냐 혹은 죄의 종으로 사망에 이르고 혹은 순종의 종으로 의에 이르느니라 17 하나님께 감사하리로다 너희가 본래 죄의 종이더니 너희에게 전하여 준 바 교훈의 본을 마음으로 순종하여 18 죄로부터 해방되어 의에게 종이 되었느니라 … 22 그러나 이제는 너희가 죄로부터 해방되고 하나님께 종이 되어 거룩함에 이르는 열매를 맺었으니 그 마지막은 영생이라 (롬 6:16-18, 22)"

내가 예수를 그리스도로 믿는다고 입으로 고백했어도 죄를 짓고 있으면 죄의 종이다. 죄의 종은 사망에 이른다. 너무나 분명해서 변명의 여지가 없는 명확한 말씀이다. 예수를 믿고 말씀에 순종하여 살아갈 때만 순종의 종으로 의에 이르게 된다. 나와 여러분들의 삶에서 느꼈다시피 예수를 믿기 시작했다고 갑자기 그 순간부터 의의 종이 되지 않는다. 죄의 종이었으나 예수를 믿고 난 이후부터 조금씩 의의 종이 되어가고 있는 중인 것이다.

18절 "죄로부터 해방되어"에서 "해방되다"는 '동분사 과거 수동형' 문장이다. YLT 성경은 *"and having been freed from the sin"* (죄로부터 벗어남을 당하고 있는 중이다.)라고 분사 수동태 문장으로 번역했다. 22절 말씀의 "너희가 죄로부터 해방되고"에서 "해방되다" 또한 동일한 시제로 표현되었다. 또 중요하게 보아야 할 것은 "하나님께 종이 되어"에서 "종이 되다"도 '동분사 과거 수동형' 문장이다. 다시 말하면 예수님을 그리스도로 믿고 죄에서 해방되어 가면서 동시에 하나님에 속해간다는 뜻이다. 그 과정은 '죄에서 해방되는 만큼 하나님께 속해간다'고 봐야 한다.

오늘날 한국교회가 알고 있는 것처럼 예수를 믿으면 한꺼번에 과거의 모든 죄가 용서받는 것이 아니다. 예수님을 믿은 후 주님께서 주시는 힘으로 죄에서 조금씩 벗어나면, 벗어나는 만큼 하나님께 속하게 된다. 때문에 나는 이 세상을 떠나게 되는 날까지 회개하여 순종의 종으로 의에 이르기를 힘쓸 것이다. 그래서 내 안에 죄로 인해 일그러진 하나님의 형상을 인간이 회복 가능한 만큼 최대한 회복하여 사랑하는 주님께 더욱 가까이 다가갈 것이다.

온전히 죄에서 벗어나 하나님 아버지께 속하게 되는 그 날까지 쉬지 않고 회개는 계속 되어야 한다.

고난주

경성회복연대
REPENTANCE AND SPIRITUAL RESTORATION

후원: 실로암세계선교회, 유

Appendix

부록

Appendix

내가 직접 회개한 내용 요약

지금까지 제자훈련으로 내 신앙의 기초를 다진 이야기와 산 기도에 올인하여 다양한 은사들을 체험하고 내가 직접 사역한 이야기, 세계적인 영성가들을 통해서 추구했던 영성 이야기를 했다. 그리고 그 모든 것을 기초로 하여 회개와 축사사역을 접하게 된 삶을 나누었다. 이제 마지막으로 내가 구체적으로 어떤 내용을 회개했는가를 짧게 나누고 싶다. 내가 쓴 내용들을 통하여 독자들도 각자 자신의 모습을 돌아보는 시간을 가졌으면 좋겠다. 더 자세하게 회개하고 싶은 분들은 내가 쓴 『깊은 우상숭배 회개문』이나 유하에서 앞으로 출판 될 예정인 『깊은 생활죄 회개문』을 참고하면 좋겠다.

I. 우상숭배 죄 회개

1. 제사로 우상숭배 한 죄를 회개합니다

하나님, 제가 그리고 저희 조상들이 수백 년 동안 제사를 지냈습니다. 저희 시조 '정덕성'으로부터 저까지 28대 동안 제사로 우상숭배를 했습니다. 우상숭배는 제 2계명에서 하나님께서 금하셨습니다. 피조물들에게 절하면 아버지로부터 자녀에 이르기까지 3-4대들 저주 하신다고 하셨습니다. 저희 시조로부터 대를 이어 지어온 이 죄악을 아무도 회개하지 않아 저에게까지 내려왔고 또 제가 저희 자녀들에게도 물려주었습니다. 하나님, 제사로 우상숭배 한 죄를 이제 회개합니다. 용서해 주옵소서.

하나님 아버지, 제 기억 속에 아직도 고향에서 구정과 추석 때면 차례제사를 지내고 할아버지와 할머니 기일 때 마다 제사 지낸 기억이 남아 있습니다. 또, 산소에서 묘사 지낸 기억들이 생생합니다. 제가 이것이 죄인지도 깨닫지 못하고 이런 제삿날이 빨리 오기를 얼마나 기다렸는지 모릅니다. 제사 때가 되면 맛있는 음식이 너무 많았는데 그것이 먹고 싶어서 손꼽아 기다렸습니다. 아버지 어머니 손에 이끌려서 제사에 참여했고 후에는 제가 자발적으로 참여했습니다. 제사를 지낼 때 죽은 조상이 오는 것이 아니라 악한 영들이 그 제사를 받는다는 사실을 몰랐습니다. 제사를 지낼 때 마다 악한 영들을 불러들이고 하나님을 대신하여 그것들을 섬겼습니다. 영적으로 어둡고 어리석어서 이렇게 하면 복받고 잘 되는 줄 알았습니다. 그리고 우상숭배 한 것도 부족하여 우상의 제물까지 먹었습니다. 하나님, 회개합니다. 용서해 주옵소서.

하나님 아버지, 제가 제사에 참여하기 위해 쏟아지는 잠을 눈을 부비며 참고 찬물로 세수하거나 아예 초저녁에 잤다가 제사 지낼 때 반드시 깨워달라고 말하는 등 제사로 우상숭배 하는 일에 정성을 다했습니다. 하나님, 회개합니다. 용서해 주옵소서.

2. 부처와 불교로 우상숭배 한 죄를 회개합니다

하나님, 제가 살았던 동네에서 가까운 절이 약 3km 정도 떨어져 있었습니다. 그래서 절에 자주 방문하거나 절간에 있는 부처를 그렇게 사모하지는 않았습니다. 그러나 제가 초등학교를 다닐 때 '만경산 절'로 소풍을 몇 차례 간 기억이 납니다. 그때 제가 부처상을 보고 정말 잘생긴 신이라고 생각했습니다. 하나님, 제가 어려서 잘 알지 못하여 신이 아닌 것을 신으로 생각한 죄를 회개합니다. 그리고 제가 중·고등학교에 다닐 때 수학여행 중 경주 불국사, 합천 해인사 등을 방문하여 탑을 돌면서 소원을 빌고 정성을 다해 부처상에게 절했습니다. 하나님, 회개합니다. 용서해 주옵소서.

하나님, 저희 조상들 중에 승(僧)이 된 자가 있었는지요? 제가 그 조상을 대신하여 진심으로 회개합니다. 혹시 저희 가문에서 절을 직접 지었거나 절을 짓는데 시주한 적이 있습니까? 제가 이 시간 진심으로 회개합니다. 용서해주소서.

3. 무당과 점쟁이 섬긴 죄를 회개합니다

하나님 아버지, 제가 무당과 점쟁이를 찾아가지는 않았지만 저희 조상들이 무당이 내림받은 신이 착한 사람을 돕고 악한 사람을 징벌한다고 믿어서 무당을 가까이 하고 따랐습니다. 무당이 받았다는 신들의 정체가 악한 영들인데 이것들이 무엇인가를 알려준다고 생각하고 따랐습니다. 하나님께서 신접한 자와 박수를 믿지 말고 그들을 추종하여 스스로 더럽히지 말라고 하셨는데 저와 저희 조상들이 신접한 무당과 점쟁이를 따르고 섬겼습니다. 회개합니다. 용서해 주옵소서.

하나님 아버지, 신접한 자나 박수나 초혼자를 너희 가운데 용납하지 말라고 하셨는데 저희 아버지가 할아버지, 할머니가 돌아가셨을 때 초혼 했습니다. 회개합니다. 용서해 주옵소서.

하나님 아버지, 저희 조상들이 특별히 악한 영들을 강하게 받은 강신무가 용하다고 하여 나라 일을 맡아서 종사할 때 어려운 일이 생기면 강신무를 불러 원인을 묻고 섬긴 죄를 지었습니다. 하나님이 아닌 무당을 의지했습니다. 그리고 마을을 지켜 주는 신이 당산나무에 깃들어 있다고 생각해서 정월 대보름날 당산나무 앞에서 풍농을 비는 굿을 했습니다. 회개합니다. 용서해 주옵소서.

하나님, 무당과 점쟁이가 만든 부적이 악귀를 쫓아낸다고 믿어 온 집안에 붙이고 심지어는 옷에 기워 그 부적을 몸에 지니고 다녔습니다. 악한 영들을 더 많이 불러들여 종노릇한 죄를 회개합니다. 무당과 점쟁이 찾아가서 사주팔자 보고 작명한 죄도 회개합니다. 용서해 주옵소서.

하나님 아버지, 나라를 대신해서 회개합니다. 무당이 우리 민족의 무속신앙을 대표한다고 해서 그들을 무형문화재로 지정하고 국가 세금으로 돌봐주는 악한 죄를 지었습니다. 용서해 주옵소서.

4. 미신과 잡신 섬긴 죄를 회개합니다

하나님 아버지, 제가 미신과 잡신을 안 믿는다고 생각했는데 제가 의식하지 못하는 사이에 너무나 많은 것들이 제 생활 속에 들어와 있었음을 고백합니다. 제가 자주는 아니지만 관상도 보았고 한 두 번 사주풀이도 했었습니다. 손금도 보았고 반지 점도 쳤습니다. 그리고 새해가 되면 해돋이를 보면서 소원을 빌었습니다. 집을 새로 지을 때 지내는 고사에도 참여했습니다. 이것이 미신과 잡신을 섬긴 죄입니다. 회개합니다. 용서해 주옵소서.

하나님 아버지, 저희 아버지가 조부모님이 돌아가셨을 때 어디에 무덤을 쓸 것인가를 지관을 불러 명당자리를 찾아 묘를 쓴 죄를 지었습니다. 하나님의 방법이 아닌 인간적인 방법으로 후손들이 잘되게 하려고 했습니다. 회개합니다. 용서해 주옵소서.

하나님 아버지, 12지신 믿은 죄를 회개합니다. 도교의 방위신앙에 강한 영향을 받아서 12가지 동물을 십이신장 또는 십이신왕이라 부르며 남녀 간에 궁합을 보았고 결혼은 길일에 해야 한다며 날짜를 잡았습니다. 회개합니다. 용서해 주옵소서.

하나님 아버지, 저희 부모님이 동짓날 팥죽을 쑤어서 집 안 곳곳에 뿌리는 것을 보고 저도 하고 싶어 따라 했습니다. 알고보니 악한 영들이 붉은 색을 싫어한다고 해서 악귀를 쫓아내기 위한 행위였습니다. 또 농번기에 들에서 식사를 할 때 꼭 밥이나 떡을 떼서 던지며 고수레 했습니다. 회개합니다. 용서해 주옵소서.

II. 생활 속에서 지은 죄 회개

1. 교만의 죄를 회개합니다

하나님께서 교만은 패망의 선봉이라고 하셨습니다. 겸손한 자에게는 은혜를 베푸시지만 교만한 자는 대적한다고 하셨습니다. 그런데 제가 바로 그 교만한 사람이었습니다. 나의 주인은 나 자신이라고 생각하며 하나님이 필요 없다고 생각했습니다. 저를 지으신 분이 하나님이신데 하나님의 뜻과 무관하게 살며 저의 주인 노릇을 했습니다. 제 교만한 모습을 회개합니다. 용서해 주옵소서.

하나님, 제가 어떤 일을 하면 스스로가 잘 해서 그 일이 이루어진 것으로 착각했습니다. 제가 가진 것 중에 하나님께서 주시지 않은 것이 단 하나도 없음을 고백합니다. 제가 하나님께 돌아가야 할 영광을 가로채고 제 자신을 드러내고 높아지려고 한 교만의 죄를 회개합니다. 용서해 주옵소서.

하나님 아버지, 제가 다른 사람을 판단하고 정죄하는 교만의 죄를 지었습니다. 저의 생각이 더 옳다고 여겼고 저의 기준과 잣대로 다른 사람들을 바라보고 부족한 점들을 지적했습니다. 제 인간적인 눈으로 마음에 들지 않는 부분을 가르치고 제 힘으로 그들을 바꿔보려 했습니다. 제 학식과 성경에 대해 많이 아는 것을 자랑했고 자녀들을 자랑하는 교만한 죄를 지었습니다. 회개합니다. 용서해 주옵소서. 하나님만이 제 삶의 주인이십니다.

2. 근심걱정 한 죄를 회개합니다

하나님 아버지, 제가 하나님을 신뢰하지 않고 의지하지 않아 근심걱정을 많이 했습니다. 하나님을 지식적으로 믿으면서 제 실제 삶에서는 하나님을 바라보지 않고 하나님을 믿지 못했습니다. 예수님께서 너희 염려로 키를 한 자나 더하게 할 수 있느냐고 하셨는데, 백해무익한 근심걱정을 했습니다. 제 생명과 삶 전체를 주님께 내려놓고 맡기지 못해 환경을 바라보고 때로는 사람을 의지했습니다. 생활의 염려로 마음이 답답하고 평안하지 못했습니다. 제가 하고 있는 일이 잘 풀리지 않아 미래에 대해 염려하며 깊은 한숨을 쉬었습니다. 제가 주님을 신뢰하지 않아 제 스스로 주님께서 역사하실 기회를 막았습니다. 저의 내려놓지 못함을 용서해 주옵소서.

3. 거짓말 한 죄를 회개합니다

하나님 아버지, 제가 중·고등학교 다닐 때 부모님께 거짓말을 많이 했습니다. 학기가 바뀌어 책과 노트 등을 장만할 때면 어김없이 부모님께 책값을 부풀려서 말했습니다. 용서해 주옵소서.

제가 살아오면서 사람들에게 솔직하지 못했습니다. 제 속마음을 감추고 사람들 앞에서 아무 문제가 없는 듯, 괜찮지 않은데 괜찮은 척 행동했습니다. 속으로는 다른 생각을 품고 있으면서 그것을 감추고 예의라고 합리화시켜 겉과 속이 같지 않은 거짓된 행동을 참 많이 했습니다. 저의 죄를 회개합니다. 용서해 주옵소서.

4. 혈기 부리고 분노한 죄를 회개합니다

하나님 아버지, 제가 부모를 공경하라는 하나님의 말씀에 순종하지 못하고 제 마음에 들지 않으면 부모님께 혈기를 부렸습니다. 아내가 약속 시간에 맞춰서 나오지 않는다고 화를 냈습니다. 또한 자녀들이 자신의 일에 열심을 내지 않을 때 기다려주지 못하고 분노했습니다. 저의 혈기로 인하여서 가족들에게 상처를 주고 두려움을 심어준 죄를 회개합니다. 용서해 주옵소서.

5. 시기 질투한 죄를 회개합니다

하나님 아버지, 제가 친구들이 좋은 옷을 입고 좋은 가방을 메고 다니는 것을 보고 시기 질투 했습니다. 저에게는 없는 것들을 친구들이 갖고 있을 때마다 하나님께서 제게 주신 것에는 감사하지 못하고 비교하며 시기 질투 했습니다. 하나님, 제가 중학교, 고등학교, 대학 입시 때마다 1차에서 낙방했을 때 저보다 공부 못하던 친구들이 좋은 학교에 가는 것을 보고 시기했습니다. 제가 더 낫다고 생각하는 교만과 저의 욕심에서 비롯되어 이러한 죄를 지었습니다. 저의 시기 질투를 용서해 주옵소서.

6. 게으름의 죄를 회개합니다

하나님 아버지, 제가 학창시절에 공부하는 일에 게을렀습니다. 최선을 다 해야 하는데 아침마다 더 자고 싶고 쉬고 싶다고 생각 했습니다. 제가 좋아하는 일에는 열심을 내고 부모님을 도와드려야 할 가사 일에는 게으름을 피웠습니다.

　　제가 목사로서 성도들을 돌보는 일에 게을렀습니다. 성경을 읽고 기도하는 일에도 게을렀습니다. 하나님 앞에 나아가기 위해 애쓰는 시간보다 제가 하고 싶은 일들에 비교할 수 없이 더 많은 시간을 할애 했습니다. 하나님께서 원하시는 일들에 게으르고 제 자신을 위한 일에만 바빴던 죄를 회개합니다. 용서해 주옵소서.

7. 쾌락과 유흥의 죄를 회개합니다

하나님 아버지, 제가 비록 먹고 놀고 마시는 일에 상대적으로 관심이 적었지만 고등학교 다닐 때 친구들과 어울려 여학생들과 미팅도 해보고 놀았습니다. 제가 중학교 시절에는 만화와 TV를 보며 쾌락과 유흥을 즐겼습니다. 또 게임하며 쾌락을 즐겼습니다. 무슨 일을 하든지 하나님의 영광을 위해서 하라고 말씀하셨는데 하나님과 상관없이 제 자신을 즐겁게 하기 위해 시간을 투자했습니다. 하나님 없이 기뻐하고 즐거워한 죄를 회개합니다. 용서해 주옵소서.

8. 음란의 죄를 회개합니다

하나님 아버지, 제가 청소년, 청년 시절, 결혼 한 후에도 길거리를 다닐 때 예쁜 여자가 지나가면 고개를 돌려 쳐다보며 판단했습니다. 제가 재수할 때 밤중에 우연히 길거리를 지나가다가 미국에서 발행된 성인 잡지를 파는 장면을 보고 음란한 마음을 품었습니다. 청소년 시절 성에 호기심을 가지고 음란한 상상을 했습니다. 그리고 그 이후에도 포털사이트 헤드라인에 자극적인 기사들이 떠있으면 읽어보고 마음으로 음란의 죄를 지었습니다. 회개합니다. 용서해 주옵소서.

9. 불평불만의 죄를 회개합니다

하나님 아버지, 제가 자기주장이 강하여서 다른 사람들이 저의 주장을 따라 주지 않을 때 불평하고 불만을 가졌습니다. 제가 하나님의 계획, 하나님의 일하심을 믿지 못하고 아버지가 돌아가셨을 때는 하나님께 불평하는 죄를 지었습니다. 그리고 제가 두란노서원에 근무할 때 노조문제로 온갖 불평을 다 했습니다. 매사에 하나님을 인정하지 못하고 저의 기준과 저의 때에 맞지 않으면 원망하고 불평을 저의 입으로 쏟아냈습니다. 또한 제가 어떤 사건이나 사람에 대해 판단하고 비판하면서 불만을 함께 말했습니다. 회개합니다. 용서해 주옵소서.

10. 우울의 죄를 회개합니다

하나님 아버지, 하나님의 나라는 성령 안에서 누리는 의와 평강 그리고 기쁨인데 제가 하나님 나라의 은혜를 누리지 못하고 하나님을 믿지 못해서 괴로워하고 좌절하며 우울에 빠지는 죄를 지었습니다. 저의 뜻대로 일이 되지 않고 어려운 일을 당했을 때 낙심하고 침체되어 하나님을 바라보지 못했습니다. 끝없이 고민하며 답을 찾지 못해 한숨쉬고 우울해 했던 죄를 회개합니다. 용서해 주옵소서.

11. 인내하지 못하고 조급했던 죄를 회개합니다

하나님 아버지, 제가 하나님의 계획을 분별할 수 있는 영성이 없고 하나님의 때를 알지 못하여 조급해하는 죄를 많이 지었습니다. 1992년 교회를 개척했을 때 성도들이 빨리 늘지 않아 조급해 했고 다른 목회시에서도 성상의 문제를 두고 늘 소급했습니다. 더 큰 문제는 제가 조급해서 주님의 뜻, 주님의 때를 분별하지 못하고 제 계획, 제 뜻을 따라 일을 해 그르친 적이 한 두 번이 아닙니다. 주님과 보조를 맞추지 못하고 앞서간 죄를 회개합니다. 용서해 주옵소서.

12. 두려움의 죄를 회개합니다

하나님 아버지, 제가 하나님께서 함께하시고 하나님께서 저를 지키신다는 사실을 믿지 못해 두려워할 때가 많았습니다. 몸이 아플 때

근심에 빠져 이러다 죽는 것이 아닌가 두려워 했습니다. 무엇보다도 하나님께서 회개를 통해서 죄를 용서해 주시는 것을 믿지 못하고 제 안에 두려움을 불러들인 죄를 회개합니다.

하나님, 사람을 두려워하여 복음을 전하지 못한 죄를 지었습니다. 예수 믿는 사람이 왜 그렇게 사느냐는 평판을 받을까 두려워 철저하게 믿음의 길을 가지 못한 죄를 지었습니다. 회개합니다. 용서해 주옵소서.

13. 누설의 죄를 회개합니다

하나님 아버지, 제가 목회를 하면서 성도들을 가끔씩 상담했는데 그들의 비밀을 온전하게 지켜주지 못하고 몇 번이긴 하지만 내담자의 비밀을 누설한 죄를 지었습니다. 제가 친구들과 성도들의 약점을 물고 늘어져 대화할 때 누설한 죄를 지었습니다. 하나님, 제가 동료 목회자들의 허물을 덮어 주지 못하고 소문을 퍼뜨리는 누설의 죄를 지었습니다. 회개합니다. 용서해 주옵소서.

14. 미움의 죄를 회개합니다

하나님 아버지, 제가 친구들이 잘 되는 것을 보고 겉으로는 드러내지 않았지만 마음속으로 그들을 미워한 죄를 지었습니다. 그리고 저와 생각이 다른 사람을 이해하려 하지 않고 미워했습니다. 또 어떤 경우는 선입견을 가지고 아무런 이유도 없이 미워할 때도 있었습니다. 하나님, 제가 원수 같은 존재들을 하나님의 말씀을 따라 더 사랑해주지 않고 개인적으로 입은 상처나 손해 때문에 그들을 용서하지 않고 미워했습니다. 회개합니다. 용서해 주옵소서.

15. 의심한 죄를 회개합니다

하나님 아버지, 제가 하나님을 온전히 믿지 못해서 하나님의 일하심을, 하나님의 도우심을, 하나님의 인도하심을 의심하는 죄를 많이 범했습니다. 제가 하나님의 자녀인데 자녀들에게 있는 하나님의 권세를 믿지 않고 의심했습니다. 지금은 아니지만 기도에 전념하기 전에 하나님의 능력을 믿지 않고 의심하는 죄를 지었습니다. 하나님, 그리고 제가 주변의 성도들, 목회자들을 신뢰하지 못하고 그들의 말을 의심했습니다. 회개합니다. 용서해 주옵소서.

16. 욕심 부린 죄를 회개합니다

하나님 아버지, 제가 탐심과 허영이 가득했었습니다. 제가 하나님의 계획을 하나님의 방법대로 해야 하는데 저의 욕심대로 일을 해서 그르친 경우가 한두 번이 아니었습니다.
하나님, 제가 물질에 욕심을 부렸습니다. 교회를 담임할 때 겉으로 드러나게 행동하지는 않았지만 사례비를 더 많이 받으려고 마음 속으로 욕심을 냈습니다. 또한 교회를 목회하면서 교회를 부흥시켜 사람들에게 보란 듯이 드러내고 싶은 욕심이 있었습니다. 회개합니다. 용서해 주옵소서.

17. 인색한 죄를 회개합니다

하나님 아버지, 세상의 것이나 제게 주어진 것들이 다 하나님께 속한 것인데 제가 한 때 제 것인 줄 알고 하나님께 드리는데 인색한 죄를 지었습니다. 하나님 나라를 위해 뿌리고 심는데 인색했습니다. 그리고 저보다 더 가난한 사람들을 보고서도 긍휼히 여기는 마음으로 구제하지 않았습니다.

하나님, 제가 작년까지 성도들을 칭찬하는데 너무 인색했습니다. 제가 남을 대할 때 너그러운 마음으로 대하지 않고 정죄의 눈길로 판단하는 죄를 지었습니다. 회개합니다. 용서해 주옵소서.

18. 술 마시고 담배 핀 죄를 회개합니다

하나님 아버지, 제가 대학교에 입학한 후에 술을 몇 차례 마시고 담배도 몇 번 피운 적이 있었습니다. 하나님의 성전을 제대로 관리 못한 죄를 지었습니다. 제 아버지는 술을 아주 많이 마셨습니다. 농한기가 되면 동네에 있는 주막을 찾아가 화투치며 술 마시고 수많은 담배를 피웠습니다.

하나님, 제 조상 중에 양조장을 운영한 사람이 있습니까? 제가 이 시간 그를 대신해서 회개합니다. 하나님, 제 조상 중에 담배를 팔아 사람들에게 해를 끼친 사람이 있습니까? 이 시간 제가 대신해서 진심으로 회개합니다. 용서해 주옵소서.

19. 원망한 죄를 회개합니다

하나님 아버지, 제가 목표를 세우고 열심히 했는데 그것이 이루어지지 않으면 하나님을 원망했고 제 자신을 탓했습니다. 사람들에게 돈을 빌려주고 받지 못하여 그들을 원망하는 죄도 지었습니다. 회개합니다. 용서해 주옵소서.

20. 다툼(분쟁)을 일으킨 죄를 회개합니다

하나님 아버지, 제가 초등학교에 다닐 때 친구들과 편을 갈라 싸우며 다투었습니다. 제가 교만하여 저와 입장이 다른 친구들을 배척하고 업신여겼습니다. 부모님의 말씀에도 순종하지 않고 오히려 대적하며 다투었습니다.

하나님, 제가 교회에서 당회를 할 때 장로님들이 제 견해에 따르지 않는다고 무시하며 분을 내고 다툼을 일으킨 죄를 지었습니다. 회개합니다. 용서해 주옵소서.

이상 24가지가 내가 처음 회개를 시작했을 때 회개한 구체적인 제목들이다. 우상숭배 죄는 설령 내가 짓지 않았더라도 부모님들에게 조상들이 지은 우상숭배의 종류를 물어서 보다 자신에게 맞는 구체적인 제목을 찾아 회개하는 것이 좋다. 그리고 생활 죄는 어린 시절의 모습부터 세세하게 돌아보면서 기억나는 모든 것들을 철저하게 진심을 담아 회개하는 것이 가장 좋은 방법이다.